COMMENTAIRE

SUR LA

LOI DU 29 GERMINAL AN II,

RELATIVE

AUX SUCCESSIONS,

Formant le Titre Ier du Livre IIIe du
CODE CIVIL;

PAR CHABOT (de l'Allier),

Ancien Jurisconsulte, Membre de la Section de
Législation du Tribunat.

A PARIS,

AU BUREAU DES ANNALES D NOTARIA
Rue des Marais, faubourg Saint-Germain, n° 23.

Et chez RONDONNEAU, au Dépôt des Lois, rue
Saint-Honoré.

AN XIII — 1805.

AVIS
DE L'AUTEUR.

J'ai exposé, dans un premier ouvrage (1), les principes de la matière des *Successions ab intestat*. Pour mieux les fixer, j'ai remonté à leur origine, et j'ai montré ce qu'ils étaient dans la législation ancienne, et la manière dont ils ont été adoptés, ou modifiés, dans la législation nouvelle.

Mais je n'ai pu leur donner tous les développemens dont ils sont susceptibles. Les rapports généraux sur lesquels je voulais fixer l'attention, se seraient trouvés trop embarrassés dans les fils nombreux d'une discussion analytique.

Cependant l'application des principes aux dipositions particulières de la loi peut offrir une foule de difficultés qu'il faut aussi prévoir et résoudre, pour que la législation nouvelle soit bien connue.

J'ai donc pensé qu'il serait utile de donner

(1) *Tableau de la Législation ancienne sur les Successions, et de la Législation nouvelle établie par le Code Civil.*

un second ouvrage qui développerait les consé-
quences des principes établis dans le premier,
qui expliquerait en détail le véritable sens de
chaque disposition, et présenterait, en même
temps, la solution des questions non littérale-
ment décidées par le texte.

J'ai pris la forme du commentaire, parce qu'elle
conserve le plan didactique tracé par le législateur, qu'elle tient continuellement le texte de
la loi sous les yeux du lecteur, et qu'elle a,
d'ailleurs, l'avantage de réunir, à la suite de
chaque article, toutes les observations qui peuvent s'y rattacher.

COMMENTAIRE

SUR LA

LOI DU 29 GERMINAL AN 11,

RELATIVE

AUX SUCCESSIONS,

Formant le Titre Ier du Livre IIIe du Code Civil.

LIVRE III.

DES DIFFÉRENTES MANIÈRES DONT ON ACQUIERT LA PROPRIÉTÉ.

DISPOSITIONS GÉNÉRALES.

ARTICLE 711.

La propriété des biens s'acquiert et se transmet par succession, par donation entre-vifs ou testametaire, et par l'effet des obligations.

La propriété des biens s'acquiert et se transmet par le fait de l'homme, ou par la disposition de la loi.

L'homme a le droit de disposer de ses biens, comme il lui plaît, par donation entre-vifs ou testamentaire, par vente et par toutes autres conventions particulières, pourvu

I

néanmoins qu'elles ne portent atteinte ni aux lois, ni aux droits d'autrui.

Les biens dont il n'a pas disposé lui-même, ou dont il n'a pas disposé d'une manière valable, sont, après sa mort, transmis par la loi aux personnes qu'elle appelle à les recueillir.

ARTICLE 712.

La propriété s'acquiert aussi par accession ou incorporation, et par prescription.

1. On voit au second titre du Code Civil, livre II, quelle est la nature et quels sont les effets de l'*Accession* ou *Incorporation*.

2. On verra, dans la suite du IIIe livre, comment la propriété s'acquiert par prescription.

3. La simple *possession* d'une chose ne suffit pas pour en acquérir la propriété, à moins qu'elle n'ait été assez longue pour opérer la prescription.

La possession, même annale, n'est qu'une *présomption* de propriété; mais le possesseur, en ce cas, ne peut être évincé que par un titre contraire, ou par la prescription qu'aurait acquise antérieurement une autre personne.

4. Dans l'état de simple nature, tout était au premier occupant, c'est-à-dire, que celui qui, le premier, s'emparait d'une chose, en acquérait la propriété; cependant il ne conservait cette propriété qu'autant qu'il continuait d'occuper la chose.

Tel dut être, en effet, le premier mode d'acquérir la propriété particulière dans un temps où tous les biens étaient en commun.

Les Romains admirent le droit d'occupation *sur les choses qui n'appartiennent à personne,* et on l'avait également introduit dans notre législation.

Il n'est point admis dans le Code Civil.

C'est un droit purement naturel qui ne saurait être considéré dans l'état social.

Une simple détention de fait ne peut donner un droit légal et légitime.

L'occupation ne subsistant d'ailleurs qu'avec la détention de la chose, il pourrait y avoir, pour le même objet, une foule d'occupations successives qui seraient une source de discussions et de querelles.

L'occupation, sans autre titre, d'un immeuble, ou même d'un meuble, ne sera donc plus un moyen de l'acquérir, quand même on ne reconnaîtrait pas le propriétaire, ou que réellement l'objet n'appartiendrait à personne; en ce cas, c'est à la nation qu'il appartient, ainsi qu'on va le voir dans l'article 713.

Mais l'occupation, si elle était suivie d'une possession suffisante pour opérer la prescription, ne pourrait plus être attaquée dans son origine : la prescription légale équivaut à un titre de propriété.

ARTICLE 713.

Les biens qui n'ont pas de maître, appartiennent à la nation.

1. Ce qui n'appartient à personne en particulier, doit appartenir à la société toute entière, et nul individu n'aura le droit de s'en emparer par occupation ou autrement.

Les terres en friche qui n'ont jamais été possédées, ou dont les anciens possesseurs ont abandonné la culture, et qu'on appelle *terres hermes et vacantes*, appartenaient, dans l'ancien régime, aux seigneurs haut-justiciers : elles appartiennent aujourd'hui à la nation, parce qu'elles n'ont pas de maître.

COMMENTAIRE

2. On ne doit pas considérer comme terres hermes et vacantes, celles qui, dans les partages faits entre les divers habitans d'une commune ou d'une section de commune, sont restées indivises pour servir à l'usage commun des habitans. Ce sont des communaux dont les habitans conservent la propriété, sans que la nation ait le droit de s'en emparer.

ARTICLE 714.

Il est des choses qui n'appartiennent à personne, et dont l'usage est commun à tous.

Des lois de police règlent la manière d'en jouir.

Les choses qui n'appartiennent à personne, et dont l'usage est commun à tous, sont les rues, les places publiques, les quais, les grandes routes, les promenades, les édifices publics, les fleuves et rivières navigables, ou flottables, les rivages, lais et relais de la mer, les ports, les havres, les rades, etc. tous ces objets sont considérés comme des dépendances du domaine public, suivant l'art. 538 du Code.

ARTICLE 715.

La faculté de chasser ou de pêcher est également réglée par des lois particulières.

Voyez les lois des 11 août et 3 novembre 1789, 30 avril, 27 mai et 11 septembre 1790, 6 et 30 juillet 1793, 28 vendémiaire et 19 pluviose an 5, 28 messidor an 6, et 14 floréal an 10, qui règlent la faculté de la chasse et de la pêche.

ARTICLE 716.

La propriété d'un trésor appartient à celui qui le trouve dans son propre fonds : si le trésor est trouvé dans le fonds d'autrui, il appartient, pour moitié, à celui qui l'a découvert, et, pour l'autre moitié, au propriétaire du fonds.

Le trésor est toute chose cachée ou enfouie, sur laquelle personne ne peut justifier sa propriété, et qui est découverte par le pur effet du hasard.

1, Autrefois, le seigneur avait une part du trésor qui avait été découvert dans un héritage dépendant de son fief : cette disposition a cessé avec le régime féodal. Aujourd'hui, le trésor appartient entièrement à la personne qui l'a trouvé dans son propre fonds ; et s'il a été trouvé dans le fonds d'autrui, il se partage par moitié entre la personne qui l'a découvert et le propriétaire du fonds.

2. On entend par trésor une chose cachée ou enfouie, sur laquelle personne ne peut justifier sa propriété.

Ainsi, un vase d'or ou d'argent qu'on trouverait dans un héritage, sans qu'il fût caché ou enfoui, ne serait pas considéré comme un trésor auquel l'inventeur aurait droit ; ce serait *une chose perdue*, et l'on verra dans l'article suivant que la propriété des choses perdues, dont le maître ne se représente pas, est réglée par des lois particulières.

3. Lorsque le propriétaire de la chose cachée ou enfouie se présente pour la réclamer, et qu'il justifie sa propriété, il est juste qu'il en obtienne la restitution.

4. Il faut encore remarquer avec soin que le trésor doit avoir été découvert par le pur effet du hasard.

Ainsi, lorsqu'un ouvrier appelé par le propriétaire, usufruitier, fermier ou locataire d'un terrain, pour y faire quelque ouvrage, découvre, en travaillant, un trésor, il en a la moitié; mais si un homme s'était permis de fouiller ou de chercher dans le terrain d'autrui, sans le consentement de la personne qui en a la propriété ou la jouissance, il n'aurait aucun droit au trésor qu'il aurait découvert, parce qu'il aurait, par son entreprise, commis un délit punissable dont il ne serait pas juste qu'il retirât du profit, en partageant le trésor : en ce cas, la chose découverte appartiendrait entièrement au propriétaire du fonds.

Cette disposition de l'article est conforme à la loi unique au Code de *thesauris*.

5. C'est au propriétaire du fonds, et non pas à l'usufruitier, fermier ou locataire, qu'appartient le trésor découvert. Cette disposition est répétée dans l'art. 598 du Code.

ARTICLE 717.

Les droits sur les effets jetés à la mer, sur les objets que la mer rejette, de quelque nature qu'ils puissent être, sur les plantes et herbages qui croissent sur les rivages de la mer, sont aussi réglés par des lois particulières.

Il en est de même des choses perdues, dont le maître ne se représente pas.

Il y a, sur les divers objets énoncés dans cet article, beaucoup de lacunes dans la législation, qu'il est urgent de remplir.

TITRE PREMIER.

DES SUCCESSIONS.

CHAPITRE PREMIER.

De l'Ouverture des Successions, et de la Saisine des Héritiers.

ARTICLE 718.

LES successions s'ouvrent par la mort naturelle et par la mort civile.

1. La succesion *ab intestat* dont il s'agit uniquement au présent titre, est la transmission des biens et droits actifs et passifs d'une personne morte naturellement ou civilement, à une ou plusieurs autres personnes que la loi désigne pour lui succéder.

Lorsqu'un homme décède, sa propriété cesse : elle doit passer à un autre.

La place que le défunt laisse vacante, est remplie par ceux que la loi appelle à sa succession. Les droits que la mort naturelle lui enlève, la loi les confère à ses héritiers.

La mort civile produit, à cet égard, les mêmes effets que la mort naturelle, parce qu'elle est, dans l'ordre civil, ce que la mort naturelle est dans l'ordre physique, et que les biens et les droits dont elle prive la personne condamnée, ne doivent pas rester vacans et sans maître.

Ainsi, dès l'instant même de la mort naturelle ou

civile, les qualités et les droits des héritiers *ab intes-tet* sont fixés, parce que c'est l'instant où le droit de succéder est ouvert, et que la succession appartient à ceux qui, *à cette époque*, sont habiles à succéder.

2. Il n'est pas toujours possible de constater, à l'égard des absens, ni leur existence, ni le moment de leur décès, et cependant la transmission provisoire ou défi-nitive de leurs propriétés ne peut pas rester dans un état continuel d'incertitude. Le Code Civil y a pourvu, au titre 4 du 1er livre. *Voyez le Tableau de la lé-gislation ancienne et de la législation nouvelle sur les successions, pages* 15, 16 *et* 17.

ARTICLE 719.

La succession est ouverte par la mort civile, du moment où cette mort est en-courue, conformément aux dispositions de la section II du chapitre II du titre *de la Jouissance et de la Privation des Droits Civils.*

On trouve dans les dispositions du premier titre du livre premier du Code Civil, comment et à quelle époque la mort civile est encourue. *Voyez le Tableau de la législation ancienne et de la législation nouvelle sur les successions, pages* 20, 21, 22, 23, 24 *et* 25.

ARTICLE 720.

Si plusieurs personnes, respectivement appelées à la succession l'une de l'autre, périssent dans un même événement, sans qu'on puisse reconnaître laquelle est dé-cédée la première, la présomption de sur-

vie est déterminée par les circonstances
du fait, et, à leur défaut, par la force de
l'âge ou du sexe.

1. Lorsque des personnes qui sont respectivement appelées à la succession les unes des autres, périssent par
le même accident, comme dans un naufrage, dans un
incendie, dans la ruine d'un bâtiment, il importe de
découvrir quelle est celle qui est décédée la dernière,
et qui a conséquemment succédé aux autres, parce qu'il
est possible que les unes et les autres aient des héritiers
différens, ou qui, du moins, ne succèdent pas aux
mêmes titres.

Dans ce cas, il faut considérer d'abord les circonstances particulières du fait, pour déterminer la présomption de survie.

Ainsi, lorsqu'un incendie a commencé de nuit par
le premier étage d'une maison, il est présumable que la
personne qui s'y trouvait couchée, est morte avant la
personne qui était couchée au second, ou au troisième
étage.

Celui qui était à l'avant-garde, dans une bataille,
doit être présumé avoir été tué avant celui qui était à
l'arrière-garde.

Celui qui, lors de la ruine d'un bâtiment, a été vu
dans l'endroit qui a péri le dernier, est aussi présumé
avoir survécu.

Celui qui, à raison d'une infirmité grave, était dans
l'impossibilité de fuir le danger, doit encore être présumé décédé avant celui qui a pu, pendant quelques
instans, se soustraire au péril.

2. Mais si l'on ne connaît aucunes circonstances particulières de l'événement, ou s'il n'y en a pas d'assez fortes pour donner une présomption suffisante de survie
en faveur de l'une ou de l'autre des personnes qui ont

péri, alors cette présomption ne peut plus être déterminée que par la force de l'âge ou du sexe; et comme il est vraisemblable que, dans un danger commun, la personne qui était la plus forte, soit à raison de son âge, soit à raison de son sexe, a pu se dérober plus longtemps au danger, cette vraisemblance doit, à défaut de toute autre circonstance, faire décider en sa faveur la présomption de survie.

3. Mais cette règle doit-elle s'appliquer, 1° au cas où le testateur et le légataire périraient dans le même événement, toute disposition testamentaire étant caduque, si celui en faveur de qui elle est faite n'a pas survécu au donateur; 2° au cas où le donateur et le donataire périraient aussi par le même accident, lorsque dans la donation il aurait été stipulé un droit de retour en faveur du donateur, si le donataire précédait?

L'article que nous examinons ne parle que des personnes respectivement appelées à la succession l'une de l'autre, et le donateur et le donataire, le testateur et le légataire, ne sont pas toujours appelés à se succéder respectivement.

Il n'est rien dit, à cet égard, au titre des donations et testamens.

Il faut donc recourir aux anciens principes, à l'ancienne jurisprudence, qu'il faudra bien toujours consulter dans les cas non prévus par le Code Civil.

Il est d'abord sans difficulté qu'entre testateur et légataire, entre donateur et donataire, qui ont péri dans le même événement, les circonstances particulières du fait doivent être également considérées pour déterminer la présomption de survie; mais elles doivent être assez fortes pour décider la conscience du juge, si elles font naître la présomption que le légataire et le donataire sont décédés les premiers, parce qu'en ce cas il s'agit de détruire des actes que la loi favorise. Si elles sont va gues et incertaines, ce n'est plus par la force de l'âge et du sexe que la présomption de survie doit être déterminée : c'est à celui qui demande la nullité de la donation ou du legs, à prouver le prédécès du donataire ou du légataire.

La donation et le testament existent : ils sont légalement faits, et on ne peut les faire révoquer qu'avec la *preuve* que le cas de révocation a eu lieu. La simple présomption résultant de l'âge et du sexe ne peut donc être suffisante en cette matière : ce n'est pas avec des présomptions aussi incertaines, et si souvent contraires à la vérité, qu'on détruit des actes.

Dans le doute, il faut toujours admettre le parti le plus favorable aux actes, et ce qui peut les faire exécuter.

Quoties in actionibus, aut exceptionibus, ambigua oratio est, commodissimum est id accipi quo res de quâ agitur magis valeat quàm pereat. Loi 12 *d. de rebus dubiis.*

C'est l'avis de Bartole sur la loi *quod de pariter* 16, *ff. de reb. dub.* sur la fin.

C'est aussi l'avis de Lebrun qui rapporte un arrêt par lequel le parlement de Bordeaux a jugé qu'un mari donateur et une femme donataire étant morts dans le même naufrage, la donation devait avoir son effet, et n'était pas censée révoquée par le prédécès de la femme, nonobstant la faiblesse du sexe.

ARTICLE 721.

Si ceux qui ont péri ensemble avaient moins de quinze ans, le plus âgé sera présumé avoir survécu.

S'ils étaient tous au dessus de soixante ans, le moins âgé sera présumé avoir survécu.

Si les uns avaient moins de quinze ans, et les autres plus de soixante, les premiers seront présumés avoir survécu.

1. Dans l'âge où les individus n'ont pas encore la jouissance entière des forces physiques, avant quinze ans, le plus âgé est censé avoir survécu dans un événement commun, parce qu'il était le moins faible, et qu'il a pu se soustraire plus long-temps au danger.

Par le même motif, dans l'âge où les forces décroissent, après soixante ans, c'est le moins âgé qui est censé avoir survécu.

2. Si les deux individus péris dans le même événement se trouvent, l'un dans l'âge où les forces ne sont pas entièrement acquises, et l'autre dans l'âge où les forces commencent à décroître, alors, à défaut de toutes présomptions de survie en faveur de l'un des deux, on suit l'ordre de la nature : c'est le moins âgé qui est censé avoir survécu.

3. Il résulte cependant de cette dernière règle que, dans un événement commun, l'enfant de six mois est censé avoir survécu à l'homme de soixante-un ans, quoique celui-ci eût évidemment plus de forces pour se soustraire au danger : peut-être, dans les motifs que nous avons donnés à cet article, eût-il fallu étendre jusqu'à l'homme de soixante-dix ans la présomption de survie contre l'enfant de sept ans, et au-dessous; mais la loi existe : il faut l'exécuter telle qu'elle est.

ARTICLE 722.

Si ceux qui ont péri ensemble avaient quinze ans accomplis, et moins de soixante, le mâle est toujours présumé avoir survécu, lorsqu'il y a égalité d'âge, ou si la différence qui existe n'excède pas une année.

S'ils étaient du même sexe, la présomption de survie qui donne ouverture à la succession dans l'ordre de la nature, doit être admise ; ainsi, le plus jeune est présumé avoir survécu au plus âgé.

1. L'article précédent n'établit la présomption de survie que sur la différence de l'âge : le présent article l'établit encore sur la différence du sexe.

A égalité d'âge, ou si la différence qui existe n'excède pas une année, le mâle est toujours présumé avoir survécu, lorsque ceux qui ont péri ensemble avaient plus de quinze ans, et moins de soixante.

S'ils étaient du même sexe, la présomption est en faveur du plus jeune.

2. La différence du sexe n'est pas considérée, lorsque les personnes qui ont péri ensemble n'avaient pas quinze ans accomplis, ou en avaient plus de soixante; alors la présomption de survie s'établit entre elles, conformément à l'article 721.

3. On n'a pas prévu le cas où l'un de ceux qui ont péri ensemble aurait moins de quinze ans, et l'autre plus de quinze, mais moins de soixante. Celui-ci doit être réputé mort le dernier, parce qu'il avoit plus de force; ainsi se décidaient les lois romaines.

4. Les art. 721 et 722 ne s'expliquent pas non plus à l'égard de deux jumeaux. Suivant l'ancienne jurisprudence, conformément à la loi *arethusa* 15, §. *de statu hominum*, l'enfant, qui était sorti le premier du sein de la mère, était réputé l'aîné. S'il n'y avait aucune preuve à cet égard, on regardait comme l'aîné celui qui avait toujours été en possession de cette qualité dans la famille; et, à défaut de cette possession exclusive, le

plus fort et le plus robuste était regardé comme l'aîné, par argument tiré de la loi *si fuerit* 10 *sub finem ff. de reb. dub.*

Ainsi, dans ce dernier cas, *si les deux jumeaux avaient moins de quinze ans, ou plus de soixante,* ce serait le plus fort et le plus robuste qui serait censé avoir survécu, et il serait au contraire présumé décédé le premier, s'ils avaient quinze ans et moins de soixante; cependant à l'âge de quinze ans, et moins de soixante, si les deux jumeaux n'étaient pas du même sexe, ce serait, suivant l'art. 722, le mâle qui devrait être présumé avoir survécu.

ARTICLE 723.

La loi règle l'ordre de succéder entre les héritiers légitimes : à leur défaut, les biens passent aux enfans naturels, ensuite à l'époux survivant ; et, s'il n'y en a pas, à la république.

1. On appelle héritiers légitimes, ceux que la loi désigne pour recueillir de plein droit les successions *ab intestat.*

La succession *ab intestat* est celle qui, n'ayant pas été réglée par le défunt, se trouve réglée par la disposition de la loi.

En matière de succession, la loi n'intervient qu'à défaut de volonté expressément et valablement exprimée par le défunt : elle ne dispose que des biens dont il n'a pas valablement disposé lui-même, et ce sont ces biens qui forment la succession *ab intestat.*

Il n'est question que de cette espèce de succession dans le présent titre du Code Civil : celles déférées par la volonté de l'homme font la matière du second titre.

La loi ne peut évidemment reconnaître d'autres héritiers légitimes que les parens légitimes du défunt, pour les biens dont il n'a pas disposé : il répugnerait à la raison qu'elle préférât des étrangers aux parens légitimes. N'ayant d'ailleurs d'autre office à remplir que de suppléer la volonté de l'homme qui est mort sans l'exprimer, elle doit régler la transmission de ses biens, comme il est présumable qu'il en eût disposé lui-même : elle doit lui donner pour héritiers ceux qui auraient été le sujet de son propre choix, et l'on doit supposer naturellement qu'il aurait choisi ses propres parens, parce qu'il doit être présumé avoir eu plus d'affection pour eux que pour des étrangers.

On verra, dans le chapitre III, que c'est aussi d'après les mêmes motifs, et en prenant toujours pour base la présomption de l'affection naturelle du défunt, que la loi règle entre les divers parens l'ordre de succéder, appelant à la succession les parens les plus proches par préférence aux parens plus éloignés, sauf les cas de représentation.

2. Ce n'est qu'à défaut de parens légitimes que les biens des successions sont déférés aux enfans naturels légalement reconnus ; ceux-ci sont appelés avant l'époux survivant ; et, à défaut des uns et des autres, c'est la république qui prend les biens.

ARTICLE 724.

Les héritiers légitimes sont saisis de plein droit des biens, droits et actions du défunt, sous l'obligation d'acquitter toutes les charges de la succession : les enfans naturels, l'époux survivant, et la république, doivent se faire envoyer en possession par justice, dans les formes qui seront déterminées.

1. L'héritier légitime représente universellement le défunt auquel il succède : il prend entièrement sa place ; il est donc saisi de tous les biens, droits et actions du défunt, et il en est saisi de plein droit, en vertu de la loi qui les lui confère à l'instant même du décès. C'est ce que nos coutumes avaient exprimé par cette maxime : *Le mort saisit le vif, son hoir plus proche et habile à lui succéder.*

2. Mais les enfans naturels, l'époux survivant et la république ne sont pas héritiers : ce n'est jamais en qualité d'héritiers qu'ils prennent les biens des successions ; ils ne sont donc pas saisis ; mais ils doivent se faire envoyer en possession par justice, et observer des formes conservatoires, parce qu'il est possible qu'il se présente, par la suite, des héritiers légitimes.

3. L'héritier est saisi, quoiqu'il n'ait pas manifesté la volonté d'accepter la succession, et quand même il aurait ignoré le décès. C'est la loi elle-même qui, à l'instant du décès, opère la saisine en faveur de l'héritier qu'elle appelle.

Les enfans, les insensés et les furieux sont saisis, parce qu'ils sont capables de succéder.

Les indignes sont également saisis, tant que l'indignité n'a pas été légalement prononcée.

Les héritiers sous bénéfice d'inventaire sont saisis, sauf à rendre compte.

4. L'héritier est saisi, non seulement de la part qui lui revient de son chef dans la succession, mais encore des portions qui lui accroissent par les renonciations de ses cohéritiers. On verra dans l'article 785 que l'héritier qui renonce, est censé n'avoir jamais été héritier : la loi donne à sa renonciation un effet qui remonte à l'époque de l'ouverture de la succession.

5. Lorsque tous les parens du degré le plus proche renoncent à la succession, leurs renonciations ont égale-

ment un effet rétroactif, et les parens du degré suivant sont présumés avoir été saisis dès l'instant du décès.

6. L'héritier est saisi des *actions* du défunt, c'est-à-dire, qu'il peut former immédiatement toutes les actions que le défunt avait le droit de former lui-même, et suivre toutes celles qu'il avait formées : il a généralement tous les droits du défunt, à l'exception seulement de ceux qui ont été éteints par sa mort, tel qu'un droit d'usufruit qui lui aurait été personnel.

7. Un des principaux effets de la saisine, c'est de donner, à l'instant même, à l'héritier du défunt ; le droit de transmettre la succession à ses propres héritiers, en sorte que, ne mourût-il qu'une minute après celui auquel il aurait succédé, ses héritiers personnels recueilleraient la succession dont il était saisi par la loi, et en seraient saisis comme lui, dès le moment de son décès.

Peu importerait qu'il n'eût pas accepté la succession, et que même il n'en eût pas eu connaissance; nous avons déjà dit que c'était indépendamment de sa volonté, et par la loi seule, qu'il était saisi, dès le moment de l'ouverture de la succession.

8. Il n'en est pas de même à l'égard des enfans naturels, et du conjoint survivant. Comme ils ne sont pas saisis par la loi, et qu'ils doivent, au contraire, se faire envoyer en possession par justice, ils ne sont pas propriétaires des biens de la succession, tant qu'ils n'en ont pas obtenu la possession ; ils ne peuvent donc, jusqu'à cette époque, les transmettre à leurs héritiers; cependant lorsqu'ils ont formé leur demande, comme l'envoi en possession est de droit, on doit décider que, s'ils meurent dans l'intervalle de la demande au jugement, la succession appartiendra à leurs héritiers.

9. L'héritier légitime n'est saisi des biens, droits et actions du défunt, que sous l'obligation d'acquitter

2

toutes les charges de la succession : comme il prend la place du défunt, il doit le représenter tant pour le passif que pour l'actif.

Cependant il peut, en n'acceptant la succession que sous bénéfice d'inventaire, se dispenser d'acquitter la portion des charges qui excède la valeur des biens : il n'est tenu *ultrà vires* que lorsqu'il accepte purement et simplement : c'est ce qu'on expliquera plus amplement par la suite.

10. L'art. 724 que nous examinons, n'imposant qu'à l'héritier légitime l'obligation d'acquitter toutes les charges de la succession, cette obligation ne peut être étendue aux enfans naturels, à l'époux survivant et à la république ; les enfans naturels, l'époux survivant et la république ne sont donc pas tenus *indéfiniment* des dettes et charges de la succession, lors même qu'ils en prennent tous les biens. Comme ils ne sont pas héritiers, comme ils ne représentent pas le défunt, ils ne doivent pas être soumis à une obligation qui est une charge de l'hérédité.

Mais ils ne peuvent se dispenser d'acquitter les charges jusqu'à concurrence de la valeur des biens qu'ils recueillent, et c'est un des principaux motifs pour lesquels ils sont tenus de faire procéder à un inventaire, avant d'être envoyés en possession.

11. Suivant l'article 295 du Code Civil, le légataire *universel* est saisi, dès l'instant du décès du testateur, lorsqu'à cet instant il n'y a pas d'héritiers auxquels une portion des biens du testateur soit réservée par la loi.

Aucun autre légataire ne jouit du bénéfice de la saisine.

CHAPITRE II.

Des Qualités requises pour succéder.

ARTICLE 726.

Pour succéder, il faut nécessairement exister à l'instant de l'ouverture de la succession.

Ainsi sont incapables de succéder,

1º Celui qui n'est pas encore conçu;

2º L'enfant qui n'est pas né viable;

3º Celui qui est mort civilement.

1. Le mort saisit le vif; il faut donc être vivant pour succéder, et comme les successions s'ouvrent à l'instant du décès, il s'ensuit que, pour être héritier, il faut nécessairement exister au moment du décès de la personne à laquelle ont veut succéder.

Ainsi le petit-fils ne peut venir, ni de son chef, ni même par représentation, à la succession de son aïeul, quoique son père ait renoncé, ou soit mort civilement, si lui-même n'existait pas à l'instant du décès de son aïeul.

2. Cependant il n'est pas nécessaire que l'enfant soit né, pour être habile à succéder; il suffit qu'il soit conçu, pourvu qu'ensuite il *naisse*, et *naisse viable*.

Quelle que soit l'époque de la grossesse, dès que le fait de la conception est constant, le fœtus est appelé à recueillir la succession, soit collatérale, soit directe.

L'enfant existe réellement dès l'instant de la conception, et il est réputé né, lorsqu'il y va de son intérêt.

L'enfant que l'on tire par force du sein de sa mère, même après qu'elle est morte, est donc habile à lui succéder, pour peu qu'il lui ait survécu, et s'il est né viable.

« Car, suivant les expressions de Domat, encore bien qu'il ne fût pas né, lorsque la succession de sa mère a été ouverte, l'opération qui le met au monde lui tient lieu de naissance ; il suffit qu'il lui ait survécu, et l'on peut dire qu'il lui avait survécu avant sa naissance. »

3. Mais la présomption de naissance qui équipole à la naissance elle-même pour déférer à l'enfant qui est seulement conçu, le droit d'hérédité, cesse d'avoir lieu, si l'enfant ne naît pas, et ne naît pas viable.

Lorsque l'enfant n'est pas vivant, en sortant du sein de sa mère, il est censé n'avoir pas vécu pour succéder ; car c'était dans l'espoir de la naissance, *propter spem hominis*, dit le jurisconsulte, qu'on le regardait comme vivant dès l'instant de la conception, et si cet espoir est trompé, la présomption qui le faisoit regarder comme vivant, ne peut plus être fondée sur la réalité.

Il faut donc, pour qu'un enfant soit capable de succéder, que sa vie soit manifestée par quelque signe certain, après qu'il est sorti du sein de la mère.

De légers mouvemens d'un de ses membres ne sont pas toujours des signes certains de vie. *Voyez* sur ce point, Ricard, dans son traité *des Dispositions Conditionnelles, tome* 2, *chap.* 5, *n°* 100 *et suiv.; les Arrêts de* Louet, *lettre* E, *n°* 5 ; Bouvot, *tom.* 1, *part.* 1, au mot *Posthume*, quest. unique ; Despeisse, *pag.* 361, *col.* 2 ; et Henri et Bretonnier, *tom.* 1, *liv.* 6, *quest.* 21, et *tom.* 2, *plaid.* 5.

4. Lorsque l'enfant naît, mais ne naît pas viable, c'est-à-dire, *lorsqu'il naît hors terme et de ma-*

nière à n'être pas formé pour vivre, il est aussi réputé n'avoir pas vécu, au moins pour la successibilité : c'est la même chose que l'enfant soit mort, ou qu'il naisse pour mourir.

Pour savoir à quelle époque l'enfant doit être réputé viable, *voyez* le Tableau de législation ancienne et de la législation nouvelle, sur les *Successions*, *pag.* 35, 36 *et* 37.

5. Dans aucun cas, l'enfant ne peut réclamer de son chef une succession qui était ouverte avant qu'il fût conçu. La succession fût-elle vacante, il n'y aurait encore aucun droit, et il serait exclu par le fisc.

Toute hérédité est déférée en un seul moment, et ce moment est celui du décès. Dès cet instant, la loi a appelé la république à la succession, à défaut d'héritiers légitimes, d'enfans naturels ou de conjoint, *existant à cette époque*. Une même succession ne peut pas s'ouvrir deux fois, ni à deux époques différentes.

Ainsi, le fils de l'héritier qui a renoncé, n'est point héritier lui-même, s'il n'a été conçu qu'après le décès de celui auquel il s'agit de succéder, et il est exclu par des parens plus éloignés, et même par le fisc, parce qu'il ne peut, comme on le verra par la suite, représenter l'héritier renonçant, et que, *de son chef*, il ne peut venir à une succession qui était ouverte, et conséquemment acquise, avant qu'il fût habile à succéder.

Il en résulte que la succession de l'aïeul n'appartient pas à son petit-fils, si le fils a renoncé, et si le petit-fils n'a été conçu qu'après la mort de l'aïeul.

6. Si l'enfant qui était conçu lors de l'ouverture d'une succession à laquelle il est appelé, ne naît pas, ou ne naît pas viable, la succession retourne à celui qui, lors de l'ouverture, eût été appelé à défaut de l'enfant conçu : les choses rentrent au même état que s'il n'avait pas existé d'enfant ; et c'est encore là une conséquence du

principe qui veut que les successions se règlent au moment de leur ouverture, et appartiennent irrévocablement à ceux qui se trouvent héritiers à l'instant du décès. *Voyez* Domat, *titre des Personnes, art.* 4*, p.* 12.

7. La troisième cause qui rend incapable de succéder, c'est la mort civile.

On a vu au premier titre du Code Civil, art. 25, que l'individu mort civilement ne peut plus recueillir aucune succession, à compter du jour où la mort civile est encourue; mais comme cette interdiction n'est prononcée que contre la personne morte civilement, il s'ensuit que l'homme qui est prévenu d'un crime capital, et qui même est en état d'accusation, recueille jusqu'au moment où la mort civile est encourue, toutes les successions qui s'ouvrent à son profit.

ARTICLE 726.

Un étranger n'est admis à succéder aux biens que son parent, étranger ou français, possède dans le territoire de la république, que dans les cas et de la manière dont un français succède à son parent possédant des biens dans le pays de cet étranger, conformément aux dispositions de l'art. 11, au titre *de la Jouissance et de la Privation des Droits civils.*

La quatrième cause qui rend incapable de succéder, c'est la qualité d'étranger; mais cette incapacité n'est pas absolue et illimitée. L'étranger succède en France, si, en succession de semblable nature, le Français succédait dans le pays de cet étranger, et il succède de la même manière que le Français succéderait.

Lors donc qu'il se présente un étranger pour recueillir en France une succession, on doit examiner, 1° si, dans son pays, les Français sont admis à succéder, 2° dans quels cas et de quelle manière ils y succèdent, et il faut suivre, en tous points, à l'égard de cet étranger, la législation admise dans son pays à l'égard d'un Français qui réclamerait une succession de même nature.

Si le Français était exclu, l'étranger le sera également.

Si le Français ne devait succéder que pour une portion, ou seulement à une certaine espèce de biens, ou à telles charges et conditions, l'étranger ne sera admis à succéder que de la même manière.

C'est un juste système de réciprocité qui peut amener un jour les autres peuples, par la considération de leurs propres intérêts, à supprimer chez eux le droit d'aubaine.

On voit, dans le titre Ier du premier livre du Code Civil, quels sont ceux qui sont étrangers, ou doivent être considérés comme tels.

ARTICLE 727.

Sont indignes de succéder, et, comme tels, exclus des successions,

1° Celui qui serait condamné pour avoir donné, ou tenté de donner la mort au défunt ;

2° Celui qui a porté contre le défunt une accusation capitale, jugée calomnieuse;

3° L'héritier majeur, qui, instruit du meurtre du défunt, ne l'aura pas dénoncé à la justice.

1. On peut être capable de succéder, mais être privé de la succession pour cause d'indignité ; il ne faut donc pas confondre l'incapacité avec l'indignité, en matière de succession.

L'incapacité provient du défaut des qualités requises pour succéder ; elle empêche d'être héritier.

L'indignité provient de la conduite et des actions personnelles de celui qui est habile à être héritier, mais qui, par sa faute, se trouve privé de la succession.

2. Dans notre jurisprudence, les causes qui faisaient encourir l'indignité étaient indéfinies : les tribunaux décidaient, d'après les faits et les circonstances, ce qui devait suffire pour rendre indigne.

L'article que nous examinons fait cesser l'arbitraire qu'avait introduit cette jurisprudence ; il précise les cas où l'indignité est encourue, et il n'en admet que trois.

3. Celui qui a été condamné pour avoir donné, ou tenté de donner la mort au défunt, est déclaré indigne.

Mais il ne suffit pas qu'il ait donné, ou tenté de donner la mort : il faut qu'il soit *condamné* comme réellement coupable.

Cette distinction n'était pas admise par les lois romaines, ni par le plus grand nombre de nos jurisconsultes : ils voulaient que tout meurtrier, même dans le cas d'une légitime défense, fût exclu de la succession de celui qu'il avait tué ; ils réputaient tout meurtrier indigne de succéder à celui qui avait péri par ses mains.

Il est évident que cette disposition était injuste. Le meurtrier, dans le cas d'une légitime défense, n'est pas coupable ; il ne doit donc pas être privé, comme indigne, de la succession à laquelle il a droit ; car cette privation, cette indignité, sont des peines, et il ne doit pas y avoir de peine où il n'y a pas de délit.

Par le même motif, celui qui a commis le meurtre par cas fortuit, l'enfant, l'insensé et le furieux, qui ne jouissent pas de l'exercice de la raison, ne peuvent être regardés comme coupables, et n'encourent pas l'indignité.

Mais toutes ces circonstances sont appréciées par les jurys, et l'on ne peut plus les invoquer, lorsque les tribunaux ont condamné.

4. Si le meurtrier légalement condamné avait obtenu des lettres de grace, il n'en serait pas moins indigne de succéder. Les lettres de grace n'éteignent que la peine due au crime, mais n'éteignent pas le crime lui-même; et il suffit, aux termes de l'article 727, que le meurtrier ait été condamné, pour qu'il soit indigne.

5. La prescription de la peine ne fait pas plus cesser l'indignité. Suivant l'article 32 du Code Civil, la prescription ne réintègre pas le condamné dans ses droits civils pour l'avenir, et le droit de succéder est un droit civil.

Il serait révoltant qu'en aucun temps on pût être admis à succéder à celui qu'on a méchamment assassiné.

6. L'article que nous discutons ne dit pas que celui qui n'a point empêché le meurtre de son parent, lorsqu'il l'a pu, en s'opposant à l'exécution du crime, doit être déclaré indigne; mais, s'il est complice, et qu'il soit condamné comme tel, l'article lui est applicable : s'il n'y a eu de sa part que crainte et faiblesse, s'il n'a pas volontairement contribué au meurtre, en un mot, s'il n'est pas condamné, il est présumé n'être pas coupable, et conséquemment il ne doit pas subir la peine de l'indignité.

7. Quelle que soit la peine prononcée contre celui qui a été condamné pour avoir donné, ou tenté de donner la mort au défunt, il est déclaré indigne : le Code Ci-

vil se borne à dire : *celui qui aura été condamné,*
et ne désigne pas le genre de peine.

8. Celui qui a porté contre le défunt une accusation
capitale jugée calomnieuse, est aussi indigne de succéder à ce défunt.

Ici, trois conditions : la première, qu'il y ait eu accusation portée contre le défunt ; la seconde, que l'accusation ait été capitale ; la troisième, que l'accusation
ait été jugée calomnieuse.

Ainsi l'injure la plus grave ; eût-elle été jugée calomnieuse sur une plainte rendue par le défunt, ne suffirait pas pour faire prononcer l'indignité, si elle n'avait
pas été suivie d'une accusation formelle intentée contre
le défunt. Ces mots de l'article, *qui a PORTÉ une*
accusation.... JUGÉE calomnieuse, indiquent clairement qu'il s'agit d'une accusation *en justice.*

Le législateur n'a pas voulu que de simples injures,
publiques ou privées, fissent encourir la peine de l'indignité et de l'exhérédation.

9. Mais, par accusation capitale, ne doit-on entendre que celle qui aurait fait condamner l'accusé à
une peine capitale, si elle avait été fondée sur la vérité ?

On appelle peines capitales, celles qui privent de la
vie, ou qui privent, pour toujours, de la liberté, ou
du droit de citoyen.

Il faudrait donc induire de ces expressions de l'article, *accusation capitale,* qu'une accusation qui
pourrait faire condamner seulement aux peines afflictives, ou infamantes, non perpétuelles, ne ferait pas
encourir l'indignité, fût-elle jugée calomnieuse.

Dans ce sens, la disposition de l'article ne serait
point assez sévère. Il répugne à la morale publique
qu'on soit admis à succéder à un homme qu'on a es-
sayé, par une accusation calomnieuse, de faire con-

damner à des peines afflictives ou infamantes, même temporaires.

On peut répondre cependant que les peines afflictives et infamantes qui ne sont que temporaires, ne donnant pas ouverture à la succession, ce n'est pas pour succéder plus promptement que le parent a intenté l'accusation, qu'ici l'intention du législateur s'est bornée à prévenir la criminelle cupidité d'un héritier présomptif qui, pour jouir plus promptement de la succession, voudrait faire condamner son parent à une peine qui ferait ouvrir cette succession à l'instant même, et que, hors ce cas, on n'a pas cru que le calomniateur dût être puni autrement qu'un étranger.

Nous n'en persistons pas moins à croire qu'il y aurait trop d'indulgence dans la loi, lorsque l'accusation pourrait donner lieu à des peines afflictives et infamantes, et même lorsqu'indépendamment des peines l'accusation serait grave et atroce.

D'ailleurs, l'article ne parlant que d'accusation capitale, et ne désignant pas la peine, il est vraisemblable qu'il a voulu seulement que l'accusation fût grave, sans exiger que la peine fût capitale. C'en est bien assez, sans doute, pour faire encourir l'indignité.

10. L'héritier majeur qui, instruit du meurtre du défunt, ne l'a pas dénoncé à la justice, encourt aussi l'indignité.

Le mineur n'est pas sujet à cette peine, tant qu'il est en minorité.

Le majeur n'y est soumis qu'à compter de l'instant où il est instruit du meurtre.

Si le meurtre est public, et que l'héritier majeur ne puisse l'ignorer, cet héritier doit en faire la dénonciation, *avant de s'immiscer dans la succession;* autrement il pourrait être cité, pour être déclaré indigne, par un autre parent, d'un degré plus éloigné, qui aurait fait la dénonciation.

11. L'art. 727 ne dit pas dans quel délai l'héritier majeur qui est instruit du meurtre, doit en faire la dénonciation, et il serait trop sévère qu'il fût privé de la succession, parce qu'il aurait différé pendant quelques jours, et qu'il aurait été prévenu par un autre héritier. Il ne doit donc encourir l'indignité que dans le cas où il y aurait eu de sa part *négligence*, et les tribunaux se décideront à cet égard, suivant les circonstances.

12. Il suffit que l'héritier dénonce à la justice, sans être tenu de poursuivre en son nom, comme les lois anciennes l'y obligeaient.

13. Dans aucun cas l'indignité n'a lieu de plein droit; elle doit être prononcée par les tribunaux, en présence de la partie intéressée, ou elle duement appelée. L'héritier qu'on veut faire déclarer indigne doit être admis à se défendre, et à prouver que la loi ne lui est pas applicable.

C'est l'avis de Pothier, *traité des Successions*, chap. 1, *art.* 4, *ff.* 2, et de Lebrun, *traité des Successions*, *liv.* 3, *chap.* 9, *n°* 25.

14. L'action en indignité ne peut être intentée que par l'héritier qui est au degré le plus prochain, et se trouve habile à succéder après celui qui s'est rendu indigne; toute autre personne serait non recevable à former cette action, parce qu'elle n'y aurait pas intérêt.

ARTICLE 728.

Le défaut de dénonciation ne peut être opposé aux ascendans et descendans du meurtrier, ni à ses alliés aux mêmes degrés, ni à son époux ou à son épouse, ni à ses frères ou sœurs, ni à ses oncles et tantes, ni à ses neveux et nièces.

Ceux qui sont unis avec le meurtrier par les liens d'une étroite parenté, ne pourraient le dénoncer, sans blesser la morale et l'honnêteté publiques. La loi n'a pas voulu leur imposer une obligation qui serait repoussée par les sentimens de la nature et du sang, et n'a pas dû les punir de ce qu'ils obéiraient à ces sentimens qu'il est si précieux de maintenir.

Les parens, dénommés dans cet article, ne seront donc pas déclarés indignes de succéder au défunt, quoiqu'ils ne dénoncent pas son meurtrier.

ARTICLE 729.

L'héritier exclu de la succession pour cause d'indignité, est tenu de rendre tous les fruits et les revenus dont il a eu la jouissance depuis l'ouverture de la succession.

1. L'héritier jouit de l'hérédité tant que l'indignité n'est pas prononcée par les tribunaux ; mais, lorsqu'elle a été prononcée, il doit perdre tous les avantages que lui avait procurés une qualité dont il s'est rendu indigne : c'est une juste peine de sa faute. Il est un possesseur de mauvaise foi qui ne doit rien conserver de ce qu'il avait eu par une possession frauduleuse.

2. Cependant les aliénations qu'il pourrait avoir consenties, avant que la demande en indignité eût été formée contre lui, seraient valables, s'il n'y avait pas juste soupçon de fraude ; mais il n'aurait plus de droit à ce qui resterait dû sur le prix des ventes, et il serait tenu de restituer tout ce qu'il en aurait reçu.

Les ventes même qu'il aurait consenties après la demande en indignité, seraient valables à l'égard des acquéreurs qui n'auraient pas eu connaissance de cette demande, si d'ailleurs il n'y avait aucune preuve de connivence et de fraude. Les acquéreurs, s'ils étaient de bonne foi, auraient traité valablement avec l'héritier qui était saisi de la succession par la loi, dès l'instant de son ouverture, et qui n'en est dépouillé réellement que par le jugement qui prononce l'indignité.

On opposerait vainement que l'héritier n'a été saisi que d'une propriété résoluble, et que n'ayant pu transférer cette propriété que telle qu'il l'avait, la résolution qui arrive par la déclaration de l'indignité, opère la résolution des ventes qu'il a consenties.

Nous répondons que cette résolution de la propriété ne peut nuire à des tiers qui *sont de bonne foi,* qu'elle ne peut avoir à leur égard un effet rétroactif, et que, dans le système que nous combattons, on ne pourrait pendant trente ans, à compter de l'ouverture des successions, acheter *avec sûreté* les biens qui en dépendent, puisqu'on aurait toujours à craindre l'action en indignité qui ne se prescrit que par trente ans, le Code Civil ne limitant pas le délai dans lequel on doit la former.

ARTICLE 730.

Les enfans de l'indigne, venant à la succession de leur chef, et sans le secours de la représentation, ne sont pas exclus pour la faute de leur père; mais celui-ci ne peut, en aucun cas, réclamer, sur les biens de cette succession, l'usufruit que la loi accorde aux pères et mères sur les biens de leurs enfans.

1. Si des enfans sont appelés *de leur chef* à une succession dont leur père est privé pour cause d'indignité, ils n'en sont pas exclus pour la faute de leur père ; mais, s'ils avaient besoin de représenter leur père pour arriver à la succession, ils se trouveraient exclus, parce qu'on ne peut appréhender une hérédité comme représentant une personne qui n'a plus aucuns droits sur la succession.

Tel est le véritable sens de la première disposition de cet article.

Il n'est pas dit que les enfans de l'indigne viennent de leur chef, et sans le secours de la représentation, à la succession dont leur père est exclu, ce qui signifierait qu'ils prennent sa place et montent à son degré pour succéder ; comme il l'aurait fait lui-même, s'il ne s'en était pas rendu indigne.

L'article dit, au contraire, que les enfans de l'indigne *venant* à la succession de leur chef, et sans le secours de la représentation, c'est-à-dire, *lorsqu'ils viennent de leur chef et sans représentation*, ne sont pas exclus par la faute de leur père ; ce qui signifie évidemment que, s'ils peuvent venir de leur chef à la succession, ils ne sont pas exclus, par la faute de leur père, d'une hérédité à laquelle ils sont personnellement appelés, sans avoir besoin de le représenter, mais que, si de leur chef ils se trouvent à un degré trop éloigné, et qu'ils ne puissent être appelés comme héritiers qu'en représentant leur père, en prenant sa place, et en montant à son degré, ils se trouvent exclus. Il est évident, en effet, qu'on ne peut représenter un indigne dans une succession qu'il a perdue, et que le représentant ne pouvant avoir que les droits du représenté, on ne peut succéder par représentation d'une personne qui n'est pas habile à succéder, ou qui en a perdu le droit.

Les lois romaines et notre ancienne jurisprudence

excluaient les enfans de l'indigne du droit de prendre
la succession, lors même qu'ils venaient de leur chef;
et quoiqu'ils n'eussent pas besoin du secours de la représentation pour être héritiers.

Cette dernière disposition qui punissait les enfans
de la faute de leur père, était trop sévère; elle était même
injuste, et le Code Civil ne l'a point adoptée; mais, en
conservant les droits personnels des enfans, en les admettant à succéder, lorsqu'ils viennent de leur chef,
le Code Civil n'a pas voulu les appeler comme représentant l'indigne, et les a exclus dans tous les cas où
ils ne peuvent venir à la succession que par représentation de la personne même qui a perdu tous ses droits
dans cette succession. Ne serait-il pas révoltant que le
représentant de l'assassin fût appelé à succéder à la personne assassinée?

Il en résulte que, si l'indigne était seul héritier,
comme le parent le plus prochain du défunt, ses enfans
pourront venir de leur chef, mais que, s'il avait des
cohéritiers à degrés égaux, ou rapprochés de son degré
par le bénéfice de la représentation, ses enfans seront
exclus.

Ceci deviendra plus sensible par des exemples.

1ᵉʳ EXEMPLE.

ALEXANDRE,
de cujus.

PIERRE.   PAUL.

JÉRÔME.   GILBERT.   AMABLE.   FRÉDÉRIC.

Si Pierre est déclaré indigne de succèder à son père, Paul prendra seul toute la succession d'Alexandre. Jérôme et Gilbert, qui sont les enfans de l'indigne, ne viendront pas à la succession de leur aïeul, parce qu'ils ne peuvent y être appelés de leur chef, n'étant parens du défunt qu'au second degré, et leur oncle Paul se trouvant au premier degré qui a toujours la préférence, lorsqu'il n'y a pas de représentation. Ils ne pourraient monter à un degré égal à celui de leur oncle, qu'en représentant Pierre leur père; mais ils ne peuvent représenter celui qui s'est rendu indigne.

En supposant même que Paul fût décédé avant Alexandre, les enfans de Pierre, déclaré indigne, se trouveraient encore exclus par les enfans de Paul, ceux-ci, ayant le droit de monter au premier degré de parenté, en représentant leur père, au lieu que les enfans de Pierre, ne pouvant le représenter, resteraient au second degré.

2ᵉ EXEMPLE.

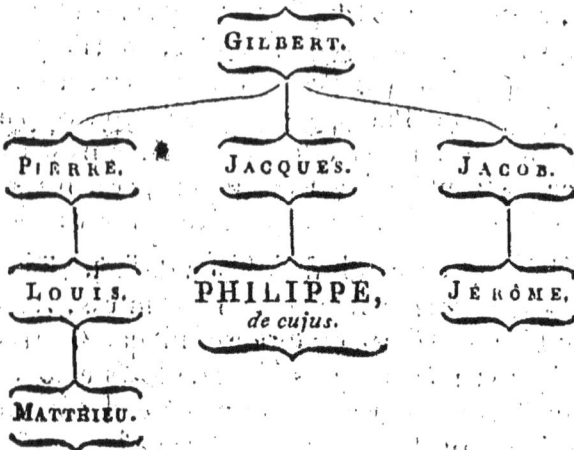

Philippe décède sans enfans, après la mort de ses ascendans et de Pierre son oncle; il a pour seul héritier, dans la ligne paternelle, Jacob, qui était aussi son oncle. Si Jacob a été déclaré indigne de succéder à Philippe, Jérôme son fils ne se trouvera pas exclu, puisqu'il n'y a pas d'autre parent plus proche que lui ; mais, comme il sera au même degré que Louis son cousin germain, il viendra de son chef à la succession de Philippe, et partagera, par moitié avec Louis, la portion attribuée à la ligne paternelle. Si Louis était décédé avant Philippe, Jérôme se trouverait seul le parent le plus proche de Philippe, et aurait conséquemment lui seul toute la portion de la ligne paternelle.

La raison de la différence qui existe entre cet exemple et le précédent, c'est que, dans le premier exemple, Amable et Frédéric représentaient Paul leur père, la représentation étant admise jusqu'à l'infini en ligne directe ; au lieu que, dans le second exemple, Pierre ne peut être représenté, dans la succession de Philippe son neveu, ni par son fils, ni par son petit-fils, la représentation n'étant admise en ligne collatérale qu'en faveur des descendans *des frères ou sœurs du défunt,* ainsi que nous l'expliquerons par la suite ; et voilà pourquoi Louis, ne pouvant monter, par la représentation, au degré de son père, se trouve être à un degré aussi éloigné de Philippe que Jérôme son cousin germain : alors celui-ci vient de son chef, et n'est pas exclu par l'indignité qu'a encourue son père, n'ayant pas besoin de le représenter pour arriver à la succession.

2. Suivant la seconde disposition de l'art. 730, l'héritier déclaré indigne ne peut, en aucun cas, réclamer, sur les biens de la succession, l'usufruit que la loi accorde aux pères et mères sur les biens de leurs enfans. Il est juste qu'il ne profite, en aucune manière, des biens d'une succession dont il est déclaré indigne.

La loi romaine allait même jusqu'à lui interdire le droit de les recueillir dans la succession d'une autre

personne qui en aurait été héritière à sa place. Le Code
Civil n'a pas admis cette interdiction perpétuelle qui
aurait confondu des successions, et aurait violé la règle
générale suivant laquelle, *haereditas adita non est
amplius haereditas, sed patrimonium haeredis.*

3. Quoique l'indigne ait été un moment héritier,
et que le patrimoine de l'héritier pur et simple se con-
fonde, à l'égard des créanciers de la succession, avec
le patrimoine du défunt, les créanciers de la succession
ne pourraient cependant, après que l'indignité aurait
été prononcée, exercer leurs droits sur le patrimoine
de l'héritier déclaré indigne, et cet héritier lui même
ne perdrait pas les droits qu'il avait personnellement
contre la succession, quoiqu'il y eût eu confusion pendant qu'il était héritier. Perdant cette qualité, il doit
rentrer absolument dans le même état où il se trouvait
avant d'être héritier.

Telle était la jurisprudence en France, et le Code
Civil n'y a pas dérogé.

La loi *indigno* 8 et la loi *cum qui* 18, §. *bonis ff.
de his quæ ut indig.* voulaient au contraire qu'on
ne restituât point à l'indigne les actions qui avaient
été confuses en sa personne.

Mais c'est là une peine, et il suffit que le Code
Civil ne l'ait pas prononcée, pour qu'elle ne doive
pas avoir lieu.

Elle était d'ailleurs injuste, puisqu'en privant l'indigne du bénéfice de la succession, il était contre
l'équité de lui en laisser les charges.

CHAPITRE III.

Des divers Ordres de Successions.

SECTION PREMIÈRE.

Dispositions générales.

ARTICLE 731.

Les successions sont déférées aux enfans et descendans du défunt, à ses ascendans et à ses parens collatéraux, dans l'ordre et suivant les règles ci-après déterminées.

La nature et la raison indiquent, pour les premiers héritiers d'un défunt, ses enfans et descendans, et, à leur défaut, ses ascendans et collatéraux.

Mais il est des cas où les ascendans doivent être préférés aux collatéraux, d'autres où les collatéraux doivent être préférés aux ascendans, et d'autres encore où les collatéraux doivent être appelés conjointement avec les ascendans, suivant la proximité du lien.

Le Code Civil détermine l'ordre suivant lequel ils sont respectivement appelés, et c'est l'ordre même de la nature qu'il a suivi.

ARTICLE 732.

La loi ne considère ni la nature, ni l'origine des biens, pour en régler la succession.

En très-peu de mots, cet article détruit une foule de lois, d'ordonnances et de dispositions de coutumes qui, sur la matière des successions, avaient introduit,

dans les pays coutumiers, une législation si compliquée, si obscure et si difficile, qu'elle était une source
continuelle de controverses et de débats entre les jurisconsultes, de querelles et de procès entre les héritiers,
et de décisions souvent contradictoires de la part des
tribunaux; une législation composée d'ailleurs d'une
foule de systèmes si divers, et qui encore étaient soumis, dans chaque localité, à des règles si particulières
et si différentes entre elles, qu'il n'y avait pas deux provinces ou l'on succédât de la même manière; une législation enfin qui, dans presque tous les cas, était si
contraire aux principes de la justice et de l'égalité, si
opposée au vœu de la nature, qu'on aurait de la peine
à croire aujourd'hui qu'elle ait subsisté si long-temps,
malgré tous ses vices, si l'on ne savait pas qu'elle se rat-
tachait aux principes de la féodalité qui exerçait en
France un empire absolu sur les lois comme sur les
mœurs.

Les pays de droit écrit étaient bien plus heureux;
ils avaient une législation uniforme, et cette législation
était, sur-tout en matière de succession, simple, claire
et facile : nous la retrouverons presque toute entière
dans le Code Civil.

Dans le droit écrit, on ne formait de tous les biens
du défunt qu'un seul patrimoine, et on l'attribuait entièrement et sans aucune distinction ni de la nature
ni de l'origine des biens, au parent qui était le plus
proche, soit de son chef, soit par représentation, lorsqu'elle avait lieu, de sorte qu'il n'y avait que deux manières de succéder à toute espèce de biens, l'une par
proximité de degré de parenté avec le défunt, l'autre
par représentation du parent le plus proche.

Dans les pays coutumiers, on distinguait diverses espèces de biens, et on les attribuait, suivant leur *nature*
ou leur *origine,* à telle ou telle ligne ou branche de

païens, sans avoir égard, le plus souvent, ni au degré
le plus proche de parenté, ni à la représentation, sans
respecter ni l'ordre de la nature, ni les affections et
la volonté du défunt, ni les droits de la justice et de
l'égalité.

Ainsi les biens nobles et les biens roturiers ne se
divisaient pas de la même manière dans les successions, et n'étaient pas déférés aux mêmes héritiers.

Les meubles et les immeubles étaient aussi déférés,
très-souvent à des héritiers divers.

On séparait, en outre, la succession en deux patri-
moines distincts, dont l'un était composé des biens
venus de parens paternels du défunt, et l'autre des
biens venus des parens maternels, et ces biens se divisaient entre les diverses lignes ou branches, suivant
la règle *paterna paternis, materna maternis*, qui
formait le droit commun des pays coutumiers, mais
qui, dans chaque coutume, était soumise à des règles
particulières très-variées et très-diverses entre elles.

On distinguait encore dans les successions les ac-
quêts d'avec les propres qui avaient aussi des héritiers
différens.

On appelait *acquêt* le bien immeuble dont une personne avait acquis la propriété par acquisition, échange,
donation, et à tout autre titre que par succession.

On appelait *propre* tout bien immeuble, ou réputé
tel, qui avait été transmis par succession ou par toute
autre voie semblable.

Il y avait, en outre, des propres de diverses espèces,
et à l'embarras de toutes ces distinctions venait se
joindre encore une législation obscure et compliquée
qui variait dans presque toutes les provinces, chaque
coutume ayant adopté une foule de règles différentes:
il en résultait des débats sans nombre que la diversité
de la jurisprudence augmentait chaque jour, en sorte

qu'une succession, tant soit peu importante, était, presque toujours, une pépinière de procès qui fatiguaient les héritiers, et dévoraient le plus souvent, en recherches de titres, en tableaux de généalogies, en frais et en contestations de tout genre, la portion qu'ils réclamaient.

Pour simplifier la législation sur une matière si importante, il fallait abolir toutes ces distinctions épineuses et subtiles qui portaient continuellement le trouble dans les familles et dans la société, et qui d'ailleurs rendaient presque nul le bénéfice des successions, en y appelant une foule d'héritiers.

Tel était depuis long-temps le vœu des jurisconsultes éclairés. Le Code Civil vient enfin le remplir, et ce n'est point en établissant une règle nouvelle et inconnue; c'est en consacrant, pour toutes les parties de la république, le principe que suivaient les pays du droit écrit, en confondant dans la succession toutes les diverses espèces de biens, en ne formant de tous qu'un seul patrimoine, et en les déférant, sans aucune distinction de leur nature ou de leur origine, aux mêmes héritiers.

Ainsi tous les biens meubles et immeubles dépendant d'une succession, de quelque côté qu'ils proviennent, soit des parens paternels, soit des parens maternels, que le défunt les ait acquis, ou qu'ils lui soient venus par succession, quelles que soient leur origine et leur nature, ne seront plus distingués dans l'hérédité : ils formeront tous une masse qui appartiendra aux parens les plus proches du défunt, soit de leur chef, soit par représentation, sans que, dans aucun cas, un parent puisse avoir plus de droits qu'un autre à certaine espèce de biens.

En un mot, les parens paternels n'auront plus de préférence sur les biens venus de la ligne ou de la branche paternelle, et réciproquement à l'égard des parens maternels. Tous les biens indistinctement resteront confondus dans la succession, et seront partagés en masse, et sans distinction, entre les héritiers les plus proches.

ARTICLE 733.

Toute succession échue à des ascendans ou à des collatéraux se divise en deux parts égales, l'une pour les parens de la ligne paternelle, l'autre pour les parens de la ligne maternelle.

Les parens utérins et consanguins ne sont pas exclus par les germains; mais ils ne prennent part que dans leur ligne, sauf ce qui sera dit à l'article 752 : les germains prennent part dans les deux lignes.

Il ne se fait aucune dévolution d'une ligne à l'autre, que lorsqu'il ne se trouve aucun ascendant, ni collatéral de l'une des deux lignes.

1. Nous avons vu sur l'article précédent que tous les biens, quelles que soient leur nature et leur origine, se confondent dans la succession, et ne forment qu'un seul patrimoine, qui est déféré aux héritiers.

Suivant l'article que nous examinons, ce patrimoine se divise en deux parts égales; l'une pour les parens de la ligne paternelle, l'autre pour les parens de la ligne maternelle, lorsque la succession est échue à des ascendans ou à des collatéraux.

Mais il faut bien observer que les parens de la ligne

paternelle ne prennent pas seulement les biens provenus du côté paternel, ou ne sont pas admis à les réclamer par préférence, et que de même les parens
de la ligne maternelle ne prennent pas seulement les
biens provenus du côté maternel, et ne peuvent les
réclamer par préférence ; c'est la moitié de tous les
biens indistinctement qui appartient à chaque ligne.
Sans rechercher ni quelle est leur nature, ni quelle fut
leur origine, on en fait une masse commune, qu'on
divise en deux parts entre les parens paternels et les
parens maternels.

Ainsi, dans le cas où il n'y aurait dans la succession
aucuns biens provenus du côté paternel, les parens
paternels n'en auraient pas moins la moitié de tous les
biens meubles et immeubles composant la succession ;
et, dans le cas où tous les biens de la succession pro-
viendraient du côté paternel, les parens paternels n'en
auront toujours que la moitié.

Cela s'applique également aux parens maternels.

Enfin, s'il y avait dans la succession deux objets
dont l'un fût provenu du chef paternel, et l'autre du
chef maternel, les parens paternels n'auraient pas plus
de préférence sur le premier, que les parens maternels n'en auraient sur le second.

Encore une fois, tous les biens sont confondus dans
la succession, et la masse commune se partage en deux
parts égales entre les deux lignes.

Il était nécessaire de bien développer cette disposition, et d'insister pour qu'elle fût parfaitement connue, parce qu'elle est une des règles principales qui
régissent les successions échues aux ascendans et aux
collatéraux.

2. Il est aussi très-important de bien saisir la distinction entre la ligne paternelle et la ligne maternelle,

puisque la moitié de la succession appartient à chaque ligne séparément, dans tous les cas où le défunt n'a pas laissé des descendans.

Pour distinguer les parens de la ligne paternelle du défunt, et ses parens de la ligne maternelle, il ne s'agit que de connaître ceux qui lui étaient parens *du côté de son père*, et ceux qui lui étaient parens *du côté de sa mère*, sans remonter plus haut.

Tous ceux qui lui étaient parens du côté de son père composent sa ligne paternelle : tous ceux qui lui étaient parens du côté de sa mère, composent sa ligne maternelle.

On n'a point à distinguer entre ces parens la ligne par laquelle ils tenaient au père ou à la mère du défunt.

Parens *maternels* ou paternels du père du défunt, ils sont tous également parens paternels du défunt, lorsqu'ils lui sont parens, *à cause et du côté de son père.*

Parens *paternels* ou maternels de la mère du défunt, ils sont tous également parens maternels du défunt, lorsqu'ils lui sont tous parens, *à cause et du côté de sa mère.*

Ainsi le bisaïeul et la bisaïeule, l'aïeul et l'aïeule, dont est issu le père du défunt, sont tous de la ligne paternelle du défunt.

L'oncle et la tante paternels de la mère du défunt, sont à celui-ci parens maternels.

Il n'y a, en un mot, d'autre distinction à faire dans la famille du défunt, pour composer sa ligne paternelle et sa ligne maternelle, que d'attribuer à la première tous ceux qui étaient parens du défunt du côté de son père, et à la seconde tous ceux qui étaient parens du défunt du côté de sa mère, sans remonter aux lignes ni aux branches supérieures.

EXEMPLE.

Ligne Maternelle.	Ligne Paternelle.

Jean LEBLANC, à Cather. VERGÉS.

Gilbert BRISSON, à Jeanne MONT.

Aug. JALADON, à Victoire VIAL.

Joseph LENOIR.

JACQUES.

PHILIPPE, à Cécile BRISSON.

ANTOINE, à Marie JALADON.

CLAIRE.

GEORGE, à Louise LEBLANC.

CHARLES.

FRANÇOIS, *de cujus*

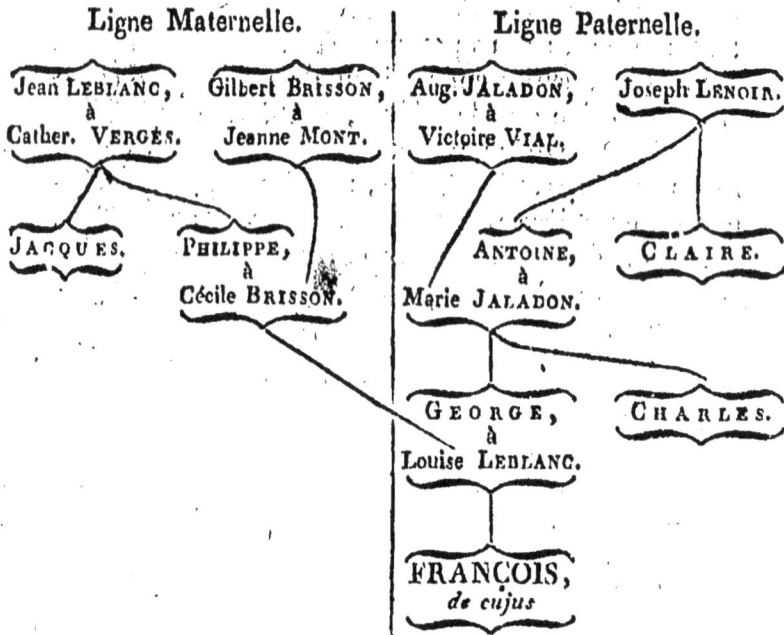

Les parens *paternels* de François sont tous les parens de George son père.

George avait des parens paternels, savoir, ceux du chef d'Antoine son père ; et des parens maternels, savoir, ceux du chef de Marie Jaladon sa mère : mais tous les parens, soit paternels, soit maternels, de George, sont tous parens paternels de François, parce qu'ils lui sont tous également parens du chef de son père.

Ainsi Augustin Jaladon et Victoire Vial ; aïeux *maternels* de George, sont parens *paternels* de François, parce qu'ils ne lui sont parens que du chef de son père, et que c'est là qu'il faut s'arrêter.

Les parens *maternels* de François sont tous les parens de Louise Leblanc sa mère. Qu'ils soient parens à sa mère du côté maternel ou du côté paternel, peu importe : ils sont tous pour lui parens maternels, parce qu'ils lui sont tous parens du côté de sa mère.

Il y a cependant des parens collatéraux qui sont, tout à la fois, parens paternels et maternels du défunt.

Ce sont, 1° les enfans issus du même père et de la même mère que le défunt, c'est-à-dire, ses frères et sœurs *germains* ; 2° tous les descendans de ces frères et sœurs, c'est-à-dire, tous les neveux, petits-neveux et arrière petits-neveux *germains* du défunt.

Mais *les autres parens collatéraux* ne peuvent être parens du défunt que dans l'une des deux lignes seulement.

E X E M P L E.

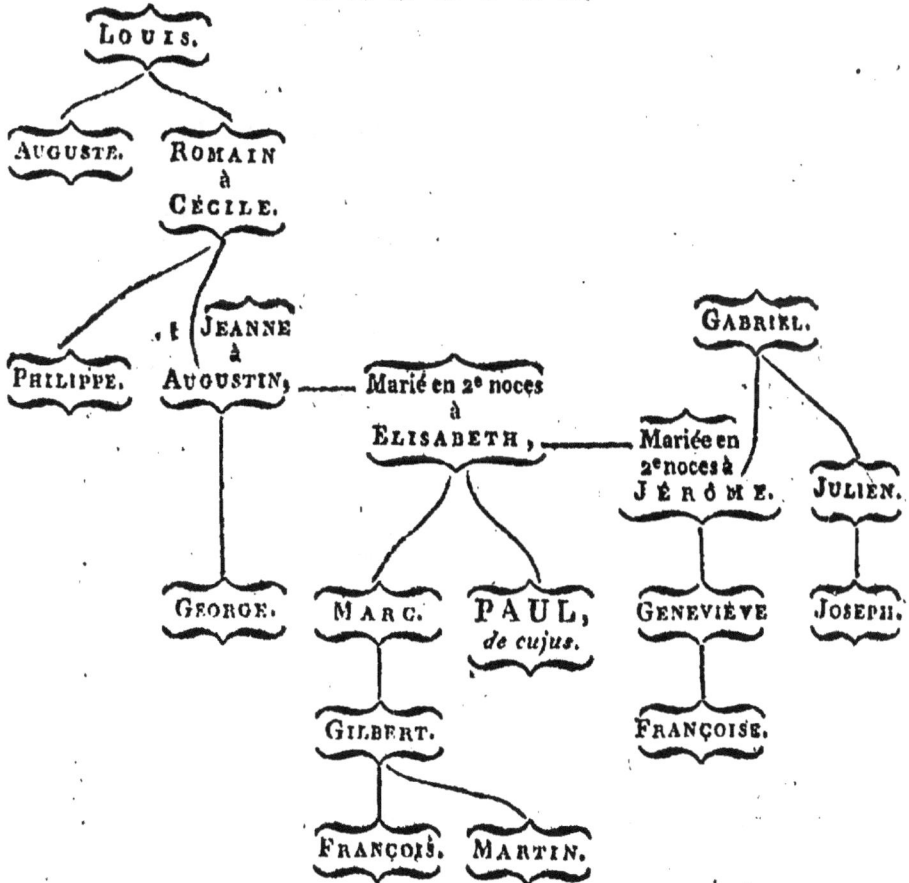

Marc, Gilbert son fils, et François et Martin ses petits-fils sont, tout à la fois parens paternels et parens maternels de Paul, parce qu'ils lui sont parens et du côté d'Augustin et du côté d'Elisabeth ses père et mère, Marc et Paul étant frères-germains.

Mais tous les autres collatéraux indiqués dans l'exemple ci-dessus, *et même tous les ascendans*, ne sont parens de Paul que dans une des deux lignes seulement.

George n'est que parent *paternel* de Paul, parce qu'ils n'ont pas la même mère : ils sont seulement frères consanguins.

Louis, Romain, Cécile et Philippe ne sont pareillement parens de Paul que dans la ligne paternelle, parce qu'ils ne lui sont pas parens du côté d'Elisabeth sa mère.

Geneviève, au contraire, qui est seulement sœur utérine de Paul, puisqu'ils n'ont pas le même père, ne lui est parente que dans la ligne maternelle.

Il en est de même à l'égard de Françoise, Joseph, Julien et Gabriel, qui ne sont pas parens de Paul du côté d'Augustin son père.

On doit remarquer trois choses dans l'exemple ci-dessus :

1° Que les frères et sœurs *germains* du défunt, et tous leur descendans sans exception, sont, tout à la fois, parens paternels et parens maternels du défunt.

2° Que tous autres collatéraux ne sont ses parens que dans l'une des deux lignes seulement, parce qu'ils ne peuvent lui être parens que du chef de son père, ou du chef de sa mère, et jamais de l'un et de l'autre côté, à moins qu'il n'y ait entre deux familles quelque alliance qui établisse une double parenté entre quelques individus.

3º Que tous les ascendans du défunt, et tous leurs descendans, à l'exception seulement de ceux de ces descendans qui descendent du même père et de la même mère que le défunt, ne peuvent être également ses parens que dans l'une des lignes, à moins qu'il n'y ait eu aussi quelque alliance entre des individus d'une ligne et des individus de l'autre.

3. Le droit écrit n'appelait, pour hériter de la totalité des biens, dans toute succession échue à des ascendans ou à des collatéraux, que le parent qui était le plus proche du défunt, soit de son chef, soit par représentation, quand elle avait lieu, sans distinguer entre la ligne paternelle et la ligne maternelle; en sorte que le parent le plus proche, soit paternel, soit maternel, succédait seul à l'exclusion de tous les autres parens ou de la même ligne, ou d'une ligne différente qui, soit de leur chef, soit par représentation, n'étaient pas à un degré aussi prochain.

Le Code Civil, au contraire, lorsque le défunt n'a laissé ni enfans ni descendans, a préféré de partager la succession entre la ligne paternelle et la ligne maternelle, et d'en attribuer la moitié au parent le plus proche dans chaque ligne.

L'homme, en effet, tient à deux familles, à celle de son père et à celle de sa mère : il doit être présumé avoir une affection égale pour ses parens de l'un et de l'autre côté : il a, d'ailleurs, des biens qui proviennent de l'une et de l'autre ligne ; et, sous ces divers rapports, il paraît juste et naturel que ses parens des deux lignes soient également appelés à sa succession.

4. C'est par les mêmes motifs que le Code Civil ne veut plus que les parens utérins ou consanguins soient entièrement exclus par les germains : il a en conséquence aboli le privilège du double lien.

Ce privilége consistait en ce que des parens qui

étaient unis tout à la fois du côté du père et du côté
de la mère eussent le droit de se succéder, en tout
ou en partie, dans de certains degrés, ou même à
l'infini, à l'exclusion des parens qui n'étaient joints
que d'un côté seulement.

Les frères utérins ou consanguins du défunt étaient
donc exclus de sa succession par les frères germains, et
même par les neveux qui étaient de l'un et de l'autre côté.

Ce privilége n'était pas connu dans l'ancien droit
romain : il n'en fut question ni dans le digeste, ni dans
le Code, et ce ne fut que par la novelle 118 qu'il
fut établi.

Il ne fut reçu dans nos coutumes qu'avec des modifications infiniment variées, soit à l'égard des personnes, soit à l'égard des biens, et c'était encore là une
source féconde de débats et de procès.

Mais, puisqu'on avait admis, dans presque toutes
les coutumes, la division des biens entre la ligne paternelle et la ligne maternelle, n'était-il pas contradictoire que deux personnes ne succédassent pas également
ment dans une ligne ; lorsqu'elles étaient parentes à
degrés égaux dans cette ligne? Cependant, quoique le
frère germain et le frère consanguin du défunt fussent
l'un et l'autre ses parens au même degré, le frère germain
et ses enfans excluaient le frère consanguin, même dans
la ligne paternelle, et il en était de même dans la ligne
maternelle.

Le Code Civil ayant également admis la division
entre les deux lignes, sans considérer ni la nature ni
l'origine des biens, comment serait-il juste, comment
serait-il raisonnable que la personne qui est parente
d'un côté seulement, n'eût point sa part dans les biens
attribués à la ligne par laquelle il tient à celui dont
la succession est ouverte, s'il n'y a pas, dans cette même
ligne, un autre parent plus proche en degré?

Que la personne qui est parente des deux côtés, prenne dans les deux lignes, cela est équitable et naturel; mais lorsque dans une des lignes, il y a un autre parent *égal en degré*, soit de son chef, soit par représentation, il est également équitable et naturel qu'il ait autant de droits aux biens attribués *à cette ligne* que celui qui est parent des deux côtés, puisque les deux lignes sont absolument étrangères l'une à l'autre pour la division des biens.

Ainsi le frère germain du défunt doit venir à la succession pour la ligne paternelle et pour la ligne maternelle, parce qu'il tient aux deux lignes : il doit prendre tout ce qui est attribué à la ligne maternelle, s'il n'a qu'un frère consanguin qui est étranger à cette ligne, ou bien tout ce qui est attribué à la ligne paternelle, s'il n'a qu'un frère utérin qui est également étranger au côté paternel : point de difficulté à cet égard. Mais pourquoi donc aurait-il le droit de tout prendre dans la ligne où il se trouve un autre frère ? Issus, l'un comme l'autre, de cette ligne, égaux en degré, n'est-il pas de justice qu'ils partagent entre eux également les biens qui sont attribués à cette ligne à laquelle ils appartiennent au même titre ?

Telle est la disposition de l'art. 733 : les parens utérins ou consanguins ne seront plus exclus par les germains; mais ils ne prendront part que dans leur ligne, et les germains prendront part dans les deux lignes.

Il en résulte que, dans la succession, le frère germain a les trois quarts, et que le frère consanguin n'a que le quart. Le frère germain prend d'abord la moitié attribuée à la ligne maternelle, comme seul issu de cette ligne, et partage ensuite, avec le frère consanguin, l'autre moitié attribuée à la ligne maternelle.

Il en est de même à l'égard du frère utérin qui n'a également que la moitié de la portion attribuée à la ligne maternelle.

Tous les enfans et descendans du frère germain prennent, comme lui, les trois quarts de la succession, parce qu'ils le représentent, de sorte qu'un arrière petit-neveu du défunt, qui serait des deux lignes, aurait à lui seul les trois quarts, pendant que le frère utérin ou consanguin du défunt n'aurait que le quart.

EXEMPLE.

Jean décède sans postérité, laissant pour héritiers Jacques son frère consanguin, et Imbert et Benoît ses neveux germains.

Ceux-ci, comme représentant leur père, prendront d'abord la moitié des biens, comme seuls parens maternels de Jean, Jacques n'étant parent de Jean que du chef paternel; et l'autre moitié, affectée à la ligne paternelle, sera divisée en deux parts égales, entre Jacques et les enfans de Paul, parce que les uns et les autres sont de la ligne paternelle, et que, par l'effet de la représentation, Imbert et Benoît, montant au degré de leur père, se trouvent aussi proches que Jacques.

Dans le plus grand nombre des coutumes, les deux neveux germains auraient entièrement exclu le frère consanguin.

5. Cependant cette règle générale, d'après laquelle

4

les parens utérins, ou consanguins, ne prennent part que dans leur ligne, reçoit une exception en faveur des frères et sœurs utérins et consanguins, et de leurs descendans. Ceux-ci, lorsqu'ils ne se trouvent pas en concours avec des frères ou sœurs *germains*, ou leurs descendans, prennent seuls, et à l'exclusion de tous autres parens de l'autre ligne, la totalité de la succession, prélèvement fait de la portion qui appartient aux père et mère du défunt. C'est ce que nous expliquerons plus amplement sur les articles 750 et 752.

6. L'art. 733, dont nous continuons l'examen, après avoir ordonné la division et le partage égal de la succession entre la ligne paternelle et la ligne maternelle du défunt, ajoute qu'il ne se fait aucune dévolution d'une ligne à l'autre que lorsqu'il ne se trouve aucun ascendant ni collatéral de l'une des deux lignes.

Ainsi le parent d'une ligne, quoiqu'à un degré très-éloigné, pourvu qu'il ne soit pas au-delà du douzième degré, n'est point exclu par un parent de l'autre ligne qui est à un degré beaucoup plus prochain : chacun d'eux prend également la moitié attribuée à sa ligne. Les lignes ne se confondent pas, et le parent de l'une ne prend la portion attribuée à l'autre, que lorsque, dans cette ligne, il n'y a pas de parent successible.

Si tous les parens successibles d'une ligne renonçaient à la succession, alors il y aurait défaut ou vacance de cette ligne, comme s'il ne se trouvait pas de parens, et la dévolution s'opérerait au profit des parens de l'autre ligne.

Mais il ne suffit pas, pour que la dévolution ait lieu, que les parens les plus proches d'une ligne aient renoncé. La renonciation d'un parent faisant passer le droit de successibilité au parent qui suit immédiatement en degré *dans la même ligne*, il faut que la ligne entière soit épuisée, pour que son droit appartienne à l'autre ligne.

Lorsque la dévolution s'opère, à défaut de parens

successibles dans une ligne , elle est au profit des
parens les plus proches de l'autre ligne : ceux qui se
trouvent déjà appelés pour cette ligne , succèdent alors
pour le tout.

Le principe de la dévolution est préférable , sans
doute, à la disposition de quelques coutumes, qui , dans
le cas d'extinction de la ligne à laquelle étaient affectés
certains propres , appelaient le fisc , à l'exclusion des
parens de l'autre ligne.

ARTICLE 734.

Cette première division opérée entre les
lignes paternelle et maternelle , il ne se fait
plus de division entre les diverses branches ;
mais la moitié dévolue à chaque ligne appartient à l'héritier ou aux héritiers les plus
proches en degré, sauf les cas de la représentation , ainsi qu'il sera dit ci-après.

1. On a vu dans l'article précédent que toute succession , échue à des ascendans ou à des collatéraux, se
divise en deux parts égales ; l'une pour les parens de
la ligne paternelle , et l'autre pour les parens de la
ligne maternelle.

Mais, après cette première division des biens entre
les deux lignes, il ne se fait plus de division entre
les diverses branches de la même ligne, c'est-à-dire,
que le parent qui est le plus proche dans sa ligne,
soit de son chef, soit par représentation , si elle a lieu,
prend seul la moitié de la succession, à l'exclusion de tous
autres parens de la même ligne, quoique de branches différentes, qui ne se trouvent pas, soit de leur chef, soit
par représentation , à un degré aussi prochain.

On ne va pas rechercher dans la même ligne quel
est le parent le plus proche de la *branche* paternelle
de *cette ligne,* et quel est le plus proche de la branche

maternelle, pour diviser entre eux la moitié affectée à cette ligne. Le plus proche, de quelque branche qu'il soit, exclut tous les parens des autres branches qui sont à un degré plus éloigné que le sien, si le bénéfice de la représentation ne les rapproche point à un degré égal.

Lorsqu'il se trouve, dans la même ligne, plusieurs parens qui sont à degrés égaux, soit de leur chef, soit par représentation, si elle a lieu, ils prennent conjointement la moitié affectée à cette ligne. Qu'ils soient tous de la même branche, ou qu'ils soient de branches différentes, peu importe : ils excluent, dans tous les cas, tous autres parens de la même, ou des autres branches, qui sont à des degrés plus éloignés.

En un mot, c'est par la proximité du degré de parenté dans la ligne *toute entière*, et non par la proximité du degré *dans chaque branche séparément*, qu'on est habile à recueillir toute la portion qui appartient à la ligne.

E X E M P L E.

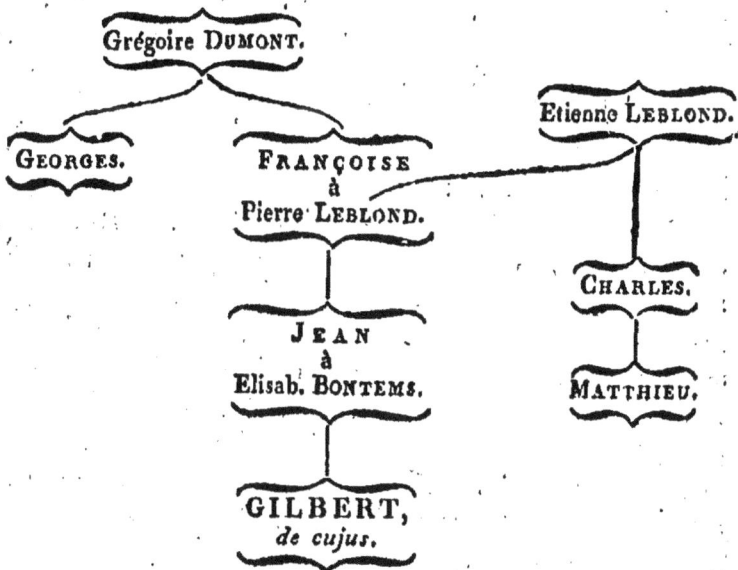

· Gilbert est décédé sans ascendans ni descendans; il a survécu à Charles son grand-oncle. La moitié de sa succession appartient à ses parens maternels, c'est-à-dire à ses parens du chef d'Elisabeth Bontems sa mère : l'autre moitié appartient à ses parens de la ligne paternelle, c'est-à-dire à ses parens du chef de Jean Leblond son père; mais, dans cette ligne, il y a deux branches, l'une paternelle, qui est celle de Pierre Leblond son père, et l'autre maternelle, qui est celle de Françoise Dumont. Si l'on voulait appeler à la moitié de la succession, qui est affectée à la ligne paternelle, le plus proche héritier de chacune des deux branches de cette ligne, il en résulterait que Matthieu Leblond, qui est de la branche paternelle, et Georges Dumont, qui est de la branche maternelle, auraient chacun un quart de la succession; mais comme, après la division entre les lignes, on ne fait plus d'autre division entre les branches de la même ligne, le parent qui est le plus proche dans la ligne paternelle doit avoir seul ce qui appartient à cette ligne, à l'exclusion du parent de l'autre branche qui est à un degré plus éloigné : or, le plus proche, c'est Georges Dumont qui est le grand-oncle de Gilbert *de cujus :* Matthieu est à un degré inférieur, ne pouvant représenter son père, ainsi qu'on le verra dans l'art. 742; Georges exclut donc Matthieu.

. Si Charles Leblond avait survécu à Gilbert, il aurait partagé avec Georges Dumont la moitié de la succession, parce qu'ils se seraient trouvés parens à degrés égaux, étant l'un et l'autre grands-oncles du défunt.

La subdivision entre les branches de la même ligne avait été admise par quelques coutumes, et la loi du 17 nivose an 2 paraissait l'avoir adoptée : on l'appelait *refente*, parce qu'après la fente de la succession entre la ligne paternelle et la ligne maternelle, elle faisait encore une refente entre les diverses branches de chaque ligne; mais on a reconnu que ce système était une source de procès, qu'il mettait en concours des parens très-éloignés, sans le bénéfice de la représentation, avec des parens plus proches, ce qui est contre l'ordre de la nature, et que d'ailleurs il appelait à chaque succession une foule d'héritiers, ce qui produisait l'effet de ne laisser presque rien à chacun, et de morceler beaucoup trop les biens.

2. La subdivision n'ayant plus lieu entre les branches, en matière de succession, il en résulte que le parent qui sera des deux branches de la même ligne, n'aura pas une portion plus forte que celui qui ne sera que d'une seule branche, et ceci n'a rien de contraire à l'article 733; car cet article dit seulement que les parens d'un seul côté ne prennent part que *dans leur ligne*, mais ne dit pas qu'ils ne prennent part que *dans leur branche*, ce qui est très-différent : ils sont donc exclus de la portion de biens déférée à la ligne dont ils ne sont pas issus; mais ils ne peuvent être exclus d'une portion de biens déférée à la branche à laquelle ils n'appartiennent pas, puisqu'il n'y a aucune portion de biens qui appartienne particulièrement à une branche plutôt qu'à l'autre, puisque la division de la succession n'a lieu qu'entre les lignes, et qu'il ne se fait pas de subdivision entre les branches; le parent qui serait *d'une seule branche* exclurait donc même le parent *des deux branches* qui serait à un degré plus éloigné. Il suffit qu'il soit de la ligne pour qu'il succède; et comme on n'a point égard aux branches pour le partage des biens, il suffit qu'il soit le plus proche dans la ligne, pour qu'il ait le droit de prendre la totalité de ce qui appartient à cette ligne.

Pierre BIGNON, marié

En secondes noces à Gilberte RENAUD.

En premières noces à Jeanne BLOT.

JACQUES.

FRANÇOIS.

ANTOINE, à Elisab. CHEVALIER.

MARC.

GEORGES.

MARIEN, *de cujus.*

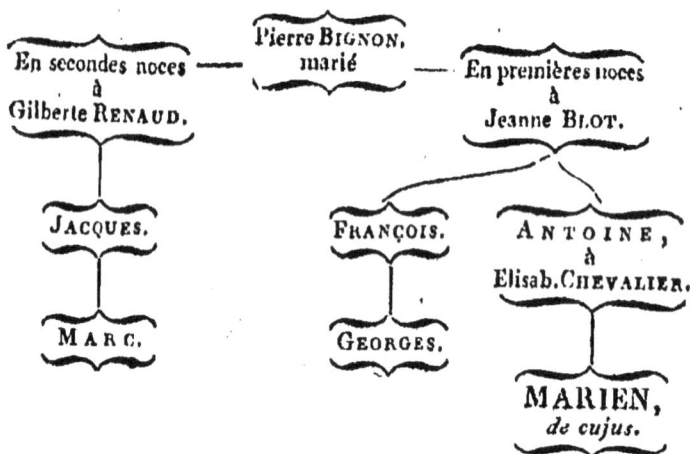

Il y a, dans cet exemple, deux branches du chef paternel à l'égard de Marien, qu'on suppose décédé sans ascendans ni postérité.

L'une est la branche *germaine* composée des descendans de Jeanne Blot, qui sont tous issus des mêmes auteurs *communs*; l'autre est la branche *consanguine* composée des descendans de Gilberte Renaud, qui sont bien issus du même aïeul que Marien, mais ne sont pas issus de la même aïeule.

Si la subdivision devait avoir lieu entre les branches, François, qui est oncle germain de Marien, aurait d'abord la moitié qui appartiendrait à la branche maternelle de Marien du chef de Jeanne Blot, et partagerait en outre avec Jacques l'autre moitié qui appartiendrait à la branche paternelle du chef de Pierre Bignon, de sorte qu'il prendrait les trois quarts de la moitié de tous les biens de Marien affectée à la ligne paternelle; et, en supposant même que François fût mort avant Marien, Georges son fils devrait prendre de son chef la moitié appartenant à la branche maternelle, puisqu'il serait seul de cette branche, et ne pourrait être exclu par Jacques, qui n'est que de la branche paternelle.

Mais, comme la subdivision des biens entre les branches de la même ligne n'est pas admise, et conséquemment qu'aucune portion n'appartient particulièrement à une branche plutôt qu'à une autre, il en résulte que François, qui est parent de deux branches, ne doit pas avoir plus que Jacques, qui n'est parent que d'une seule branche : ils partagent par moitié, parce qu'ils sont parens à degrés égaux ; et, si François était mort avant Marien, Georges son fils serait entièrement exclu par Jacques, se trouvant à un degré plus éloigné.

Marc et Georges partageraient conjointement.

Ainsi la germanité ne doit être considérée que dans les lignes, et non dans les branches.

L'exclusion n'a lieu qu'à l'égard d'une ligne à laquelle on ne tient pas : elle n'a pas lieu à l'égard d'une branche, quand on est de la ligne ; on a droit à tout ce qui appartient à sa ligne, de quelque branche que l'on soit.

ARTICLE 735.

La proximité de parenté s'établit par le nombre des générations ; chaque génération s'appelle un degré.

1. C'est une règle générale, et qui est fondée sur la nature, que les plus proches parens du défunt doivent être appelés les premiers à sa succession, sauf les cas de représentation ; il est donc important de connaître les divers degrés de parenté, et de savoir bien les calculer, pour être en état de décider à qui doit

appartenir une succession qui est réclamée par plusieurs parens.

2. La parenté est une liaison entre deux ou plusieurs personnes , dont les unes descendent médiatement ou immédiatement des autres, ou qui descendent les unes et les autres d'une même souche commune.

Le fils descend immédiatement de son père ; il descend médiatement de ses aïeux.

Deux frères germains descendent l'un et l'autre d'une même souche , qui est leur père commun : deux cousins germains descendent du même aïeul, etc.

3. La proximité de parenté s'établit par le nombre de générations qui existent entre deux ou plusieurs personnes.

Moins il y a de générations d'une personne à une autre, plus elles sont proches parentes.

4. Chaque génération forme un degré ; on compte donc autant de degrés qu'il y a de générations entre les personnes dont on veut connaître le degré de parenté.

ARTICLE 736.

La suite des degrés forme la ligne : on appelle *ligne directe* la suite des degrés entre personnes qui descendent l'une de l'autre ; ligne collatérale , la suite des degrés entre personnes qui ne descendent pas les unes des autres , mais qui descendent d'un auteur commun.

On distingue la ligne directe en ligne directe descendante , et ligne directe ascendante.

La première est celle qui lie le chef avec

ceux qui descendent de lui ; la deuxième
est celle qui lie une personne avec ceux
dont elle descend.

1. On appelle ligne la suite ou série des degrés.

Le fils, le père, l'aïeul et le bisaïeul, forment entre
eux une ligne, parce qu'ils sont une suite ou série de
divers degrés de parenté.

2. On distingue deux lignes principales, la directe et
la collatérale.

La ligne directe comprend tous les ascendans et
leurs descendans, et s'appelle ainsi, parce que les uns
descendent des autres *directement*, ou *en droite
ligne*.

La ligne collatérale comprend les parens qui ne descendent pas les uns des autres, mais qui descendent
tous médiatement, ou immédiatement, d'un même auteur commun, et conséquemment sont joints entre
eux *à latere :* elle est composée de tous les parens
qui ne sont entre eux ni ascendans, ni descendans.

Ainsi les frères et sœurs, oncles et neveux, cousins et cousines, sont parens en ligne collatérale, parce
qu'ils ne descendent pas les uns des autres, mais qu'ils
descendent d'un même auteur commun. Les frères et
sœurs descendent du même père ou de la même mère,
ou de l'un et de l'autre : les oncles et les neveux descendent d'un même auteur commun, qui est le père
ou la mère de l'oncle, et l'aïeul ou l'aïeule du neveu :
les cousins au premier degré descendent du même bisaïeul ou de la même bisaïeule, et ainsi de suite.

3. On distingue encore deux espèces de lignes di-
rectes, la descendante et l'ascendante.

La première est celle qui lie l'ascendant avec ses descendans; ainsi la parenté descend directement de l'aïeul au père, et du père au fils.

La seconde est celle qui lie les descendans avec leurs ascendans; ainsi la parenté remonte du fils au père, du père à l'aïeul.

Lorsqu'un fils succède à son père, la succession est en ligne directe descendante, parce que la succession, comme la parenté, descend du père au fils.

Lorsqu'un père succède à son fils, la succession est en ligne directe ascendante, parce qu'elle remonte, comme la parenté, du fils au père.

4. On distingue enfin, soit en ligne directe, soit en ligne collatérale, la ligne paternelle et la ligne maternelle.

On a vu précédemment que la ligne paternelle est composée de la série des parens du chef du père de la personne dont la succession est ouverte, et que la ligne maternelle est composée de la série des parens du chef de la mère.

5. Les lignes se subdivisent en branches. Chaque branche est une portion de la famille qui est sortie d'une souche ou d'une tige commune.

Ainsi deux frères forment deux branches différentes, issues de la même tige, qui est le père commun. Chacun de ces frères, avec ses descendans, fait une branche particulière, et les descendans se subdivisent entre eux, de la même manière, en diverses branches.

Les parens utérins, les parens consanguins, et ceux qui sont parens de l'un et de l'autre côté, forment aussi des branches différentes.

6. On verra par la suite qu'il est nécessaire de distinguer les branches pour l'exercice du droit de représentation.

ARTICLE 737.

En ligne directe, on compte autant de degrés qu'il y a de générations entre les personnes : ainsi le fils est, à l'égard du père, au premier degré, le petit-fils au second, et réciproquement du père et de l'aïeul, à l'égard des fils et petits-fils.

Les degrés ne se comptent pas de la même manière, en ligne directe et en ligne collatérale.

En ligne directe, on compte autant de degrés qu'il y a de générations entre les personnes dont on veut connaître le degré de parenté.

Entre le père et le fils il n'y a qu'une génération, celle du fils : le père et le fils sont parens au premier degré.

Entre l'aïeul et le petit-fils il y a deux générations, celle du fils et celle du petit-fils ; l'aïeul et le petit-fils sont parens au second degré.

Un moyen très-simple de calculer les degrés en ligne directe, c'est d'en compter autant qu'il y a de personnes de l'un à l'autre des deux parens dont on veut connaître le degré de parenté, en comprenant, dans le nombre, un seul de ces deux parens.

Ainsi du bisaïeul à l'arrière-petit-fils, il y a quatre personnes, en y comprenant le bisaïeul et le petit-fils ; savoir, le bisaïeul, l'aïeul, le père et le fils. Qu'on supprime du nombre une personne, il n'en reste que trois, et, dans le fait, il y a trois degrés, ou générarations, du bisaïeul au petit-fils.

ARTICLE 738.

En ligne collatérale, les degrés se comptent par les générations, depuis l'un des parens, jusques et non compris l'auteur commun, et depuis celui-ci jusqu'à l'autre parent.

Ainsi deux frères sont au deuxième degré, l'oncle et le neveu sont au troisième degré, les cousins germains au quatrième, ainsi de suite.

Le droit canon et le droit civil avaient une différente manière de compter les degrés en ligne collatérale.

Suivant le droit civil, il fallait toujours remonter de chacune des personnes dont on voulait trouver le degré de parenté, à l'auteur commun dont ces personnes étaient descendues, et compter autant de degrés qu'il y avait de personnes, à l'exception seulement de celle qui était la source commune.

Suivant le droit canon, on ne comptait pas des deux côtés, mais seulement depuis la plus éloignée des personnes dont on cherchait la parenté, jusqu'à l'auteur commun exclusivement.

Ainsi, d'après le droit civil, deux frères étaient au second degré, parce qu'en remontant de chacun des frères à l'auteur commun qui était le père, on trouvait deux personnes, savoir les deux frères eux-mêmes, sans compter l'auteur commun.

D'après le droit canon, les deux frères n'étaient qu'au premier degré, parce que l'on ne comptait que de l'un des frères à son père.

Notre code a préféré la supputation des degrés suivant le droit civil.

Il faut donc, pour connaître le degré de parenté

entre deux personnes en ligne collatérale, compter toutes les générations depuis l'un jusqu'à l'autre de ces parens *inclusivement*, en remontant de l'un jusqu'à l'auteur commun, *qui ne se compte pas*, et en descendant ensuite depuis cet auteur commun jusqu'à l'autre parent, ou, ce qui est la même chose, il faut compter toutes les personnes qui font la série de parenté de l'un à l'autre des deux parens, en remontant de l'un à l'auteur commun des deux, et descendant ensuite jusqu'à l'autre, et le nombre de ces personnes, en y comprenant les deux dont on veut connaître le degré de parenté, forme le nombre des degrés, mais, en supprimant toujours du calcul la personne de l'auteur commun.

Voici un exemple, tant pour la ligne directe que pour la ligne collatérale.

EXEMPLE.

Ligne Paternelle,   Ligne Maternelle.

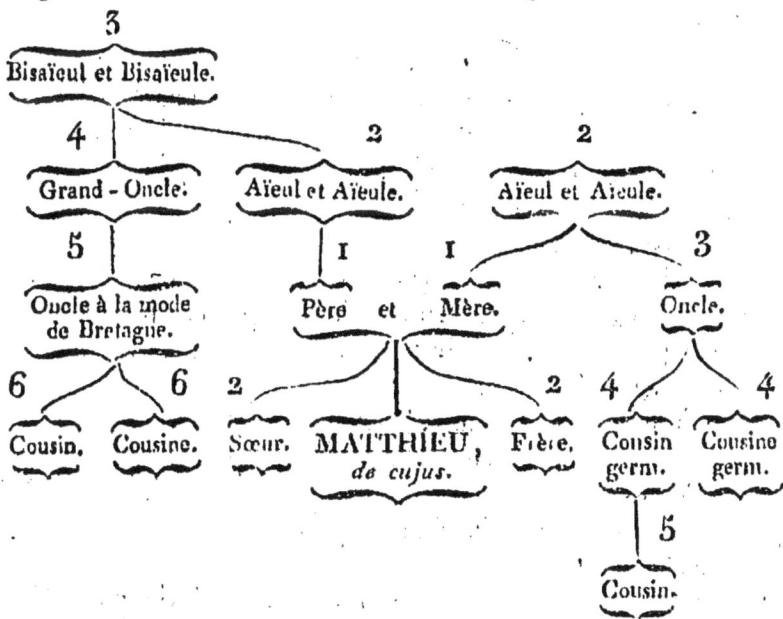

Au-dessus de la dénomination de chaque parent, nous avons mis un chiffre qui indique le nombre des degrés, dont il est éloigné de Matthieu *de cujus*, et l'on peut faire aisément l'application des deux manières de calculer les degrés, en ligne directe et en ligne collatérale.

Pour reconnaître que Matthieu et son cousin issu de germain de la ligne maternelle sont parens au cinquième degré, il suffit de calculer que de l'un à l'autre il y a six personnes ; savoir, quatre en remontant du cousin issu de germain jusqu'à l'aïeul qui est leur auteur commun, et deux en descendant de cet auteur jusqu'à Matthieu : qu'on supprime la personne de l'auteur commun, il en résulte cinq, et conséquemment il y a cinq degrés.

Il est essentiel de remarquer qu'il faut toujours remonter de l'un et de l'autre côté, au parent dont descendent médiatement ou immédiatement *l'une et l'autre* des personnes dont on veut connaître le degré de parenté.

Ainsi, pour savoir à quel degré sont parens Matthieu et son oncle à la mode de Bretagne, dans la ligne paternelle, il ne suffirait pas de remonter à l'aïeul paternel de Matthieu, l'oncle à la mode de Bretagne ne descendant pas de cet aïeul ; mais il faut remonter au bisaïeul de Matthieu, qui est l'aïeul de l'oncle, et conséquemment l'auteur commun de l'un et de l'autre.

Il résulte de cette manière de calculer :

1° Que les frères et sœurs sont entre eux parens au second degré ;

2° Que l'oncle et le neveu sont parens au troisième ;

3° Que le grand-oncle et le petit-neveu sont parens au quatrième ;

4° Que les cousins germains sont aussi parens au quatrième ;

5° Que le cousin germain du père est, à l'égard du fils, au cinquième degré;

6° Que les cousins issus de germain, c'est-à-dire, qui sont enfans de cousins germains, sont au sixième degré.

Et ainsi de suite, en augmentant d'un degré, toutes les fois qu'il y a une personne de plus dans l'un des côtés.

SECTION II.

De la Représentation.

ARTICLE 739.

La représentation est une fiction de la loi, dont l'effet est de faire entrer les représentans dans la place, dans le degré et dans les droits du représenté.

1. La représentation, suivant la novelle 118, est un droit par lequel l'enfant succède au lieu de son père, qui est décédé avant que la succession soit ouverte.

2. La représentation produit l'effet de faire déclarer héritier celui qui représente, comme l'aurait été le représenté, s'il eût vécu à l'époque de l'ouverture de la succession.

Le représentant prend donc entièrement la place du représenté : il monte à son degré, et jouit de tous ses droits, comme il supporte toutes les charges; il est, en un mot, substitué, sous tous les rapports, à la personne du représenté.

. Ainsi, l'enfant du frère germain ne vient pas seulement, comme représentant son père prédécédé, à la succession de son oncle ; mais il prend dans cette

succession tous les droits qu'y aurait eus son père ;
et, comme le père aurait eu, en concours avec un
frère utérin ou consanguin du défunt, les trois quarts
des biens, ainsi que nous l'avons expliqué sur l'article 733, l'enfant prend aussi les trois quarts, et le
frère utérin ou consanguin, quoique venant de son
chef, et plus proche en degré, ne prend qu'un quart,
comme s'il partageait avec le frère germain lui-même.

3. La représentation n'est, si l'on veut, qu'une
fiction de la loi qui suppose que le père n'est pas
décédé, pour remettre à son enfant la portion qu'il
aurait eue lui-même ; mais cette fiction est une image
réelle de la vérité, et sans elle, la loi serait, presque
toujours, en opposition avec la volonté du défunt, et
violerait, à chaque instant, ses intentions.

Si le parent le plus proche est préféré au parent le
plus éloigné, en matière de succession, c'est que la
loi présume qu'il était celui pour lequel le défunt
avait le plus d'affection ; mais, comme dans l'ordre naturel des affections, il existe une représentation réelle
qui met les enfans à la place des pères qui sont décédés, et reporte sur eux toute la tendresse des ascendans, la loi devait donc aussi admettre une représentation qui mît également, pour la successibilité, les
enfans à la place de leur père, et rapprochât, en
quelque sorte, les degrés, comme l'affection du défunt les avait elle-même rapprochés.

L'aïeul aime ses petits-enfans, comme il aimait son
fils : ils lui tiennent lieu du fils qu'il a perdu, et le
représentent à ses yeux : ils ont dans son cœur la même
place que leur père y occupait ; ils auront aussi dans
sa succession les mêmes droits. C'est son vœu le plus
cher que la loi vient remplir.

De même, en ligne collatérale, lorsqu'un homme
qui n'a pas de postérité, perd un frère qu'il aimait, il
reporte son affection sur tous les descendans de ce

5

frère, et l'on doit présumer que sa volonté les appelle à recueillir dans sa succession la portion qu'y aurait recueillie leur père.

Tel est donc l'effet de la représentation que, dans tous les cas où elle est admise, les enfans ne se trouvent pas privés, par la mort de leur père, de la part qu'il aurait eue dans une succession, s'il avait été vivant au moment où cette succession s'est ouverte.

4. On verra dans les articles suivans jusqu'où doit s'étendre cette représentation tant en ligne directe qu'en ligne collatérale, et quels sont les effets qu'elle produit.

ARTICLE 740.

La représentation a lieu à l'infini dans la ligne directe descendante.

Elle est admise dans tous les cas, soit que les enfans du défunt concourent avec les descendans d'un enfant prédécédé, soit que tous les enfans du défunt étant morts avant lui, les descendans desdits enfans se trouvent entre eux en degrés égaux ou inégaux.

L'affection de l'homme s'étend à tous ses descendans : tous lui sont en effet, ou doivent être présumés lui être également chers. Ceux qui survivent remplacent dans son cœur ceux qui sont décédés : tous, en un mot, sont ses enfans et sa postérité ; la représentation ne doit donc pas avoir de bornes en ligne directe descendante, et ce principe, honorable à l'humanité, puisé dans le vœu de la nature, fut admis dans toutes les législations.

Ainsi les descendans les plus éloignés sont appelés à la succession de l'auteur commun, quand même il y aurait, dans d'autres branches issues en ligne directe de cet auteur, des descendans d'un degré plus prochain, et même des enfans.

EXEMPLE.

Pierre BLONDEAU,
de cujus.

JÉRÔME.   GILBERT.   JEAN.

JACQUES.   GEORGE.   CHARLES.

ANNE.   MARIE.   PHILIPPE.   FRANÇOIS.

RAYMOND.   MARC.   AUGUSTE.

JULES.

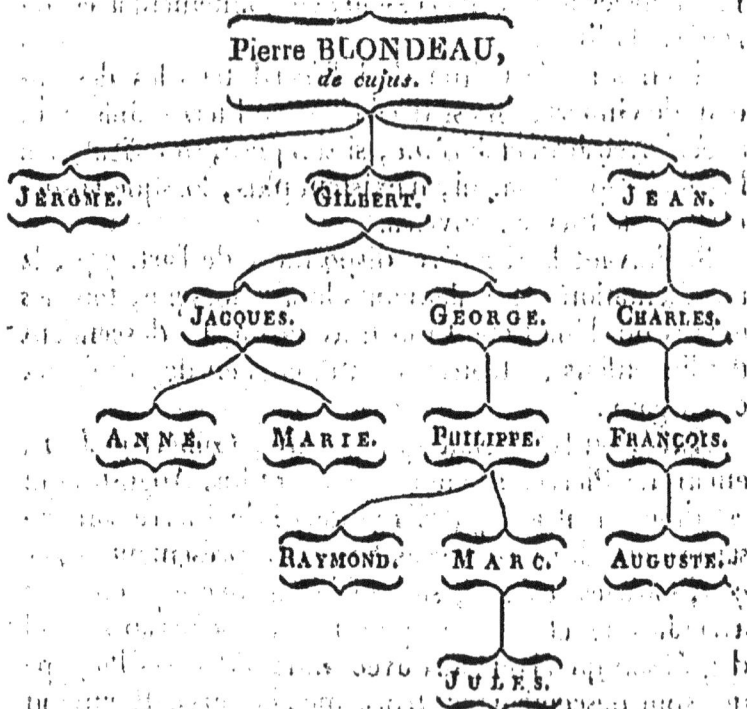

Jean étant décédé avant Pierre, Charles viendra à la succession de Pierre son aïeul, en représentant Jean son père.

Charles et François étant aussi prédécédés, Auguste, comme représentant François son père, Charles son aïeul, et Jean son bisaïeul, viendra à la succession de de Pierre son trisaïeul.

Il en sera de même à l'égard de Jules, si ses ascendans sont décédés avant Pierre.

2. Suivant l'article que nous examinons, la représentation est admise, lorsque les enfans du défunt concourent avec les descendans d'un enfant prédécédé,

ainsi Charles, François et Auguste, descendans de Jean qui est mort avant Pierre son père, ne seront pas exclus de la succession de Pierre par Jérôme et Gilbert ses enfans; mais, comme représentans de Jean, ils seront appelés à cette succession, conjointement avec Jérôme et Gilbert.

Il en sera de même de à l'égard tous les descendans de Gilbert, s'il est décédé avant Pierre. Jules sera appelé avec Jean et Jérôme, si son père, son aïeul, son bisaïeul etson trisaïeul, n'existent plus, lorsque la succession de Pierre s'ouvrira.

3. Suivant la dernière disposition de l'art. 740, la représentation est également admise, lorsque, tous les enfans du défunt étant morts avant lui, les descendans desdits enfans se trouvent entre eux en degrés égaux ou inégaux.

Ainsi, en supposant que Jérôme, Gilbert et Jean, enfans de Pierre, soient morts avant lui, Auguste, qui est descendant au quatrième degré de Pierre son trisaïeul, viendra à sa succession, en représentant François, Charles et Jean, soit qu'il se trouve en concours avec Jacques et Georges qui sont descendans au second degré, soit qu'il concoure avec Anne, Marie et Philippe qui sont descendans au troisième, ou avec Raymond et Marc qui sont descendans au quatrième, ou enfin avec Jules qui n'est descendant qu'au cinquième.

La différence des degrés ne nuit donc aucunement à la représentation entre les divers descendans des enfans du défunt, lorsque ces enfans sont prédécédés.

4. Il est important de remarquer, dans l'exemple ci-dessus, que François, Philippe, Marie et Anne, quoiqu'ils soient descendans *à degrés égaux*, ne viennent pas cependant, *de leur chef*, à la succession du bisaïeul commun : ils n'y viennent que par représentation de leurs pères et aïeux prédécédés, l'article que nous examinons disant expressément que la représentation est admise, lorsque, tous les enfans du défunt étant

morts avant lui, les descendans desdits enfans se trouvent entre eux en degrés *égaux ou inégaux*.

En effet, si François, Philippe, Marie et Anne ve-
noient de leur chef, ils partageraient par tête la succession du bisaïeul, suivant l'art. 745, de sorte que François n'aurait que le quart de la succession; mais il est
juste qu'il ait la moitié, puisqu'il tient la place de Charles
et de Jean qui auraient eu cette moitié, s'ils avaient survécu à Pierre, et il est juste aussi que Philippe, Marie
et Anne, n'aient entre eux trois que l'autre moitié, puisque Gilbert, dont ils sont représentans, n'aurait pas recueilli une plus forte portion.

C'est ce qu'on expliquera d'une manière plus étendue, en examinant l'art. 745.

Il faut donc bien se rappeler que, tous les enfans du
défunt étant morts avant lui, les descendans de ces enfans ne succèdent *entre eux* que par représentation,
quels que soient les degrés, égaux ou inégaux, où ils
se trouvent respectivement.

Vainement on dirait aujourd'hui que les petits-enfans
qui se trouvent tous à un degré égal après la mort de
leurs pères, n'ont pas besoin du secours de la représentation pour concourir ensemble à la succession de leur
aïeul, qu'ils y viennent tous par un droit qui leur est
propre, et chacun d'eux par un droit qui est égal à celui
des autres.

Le texte de l'art. 740 est positif : il admet la représentation, quoique les enfans du défunt étant décédés
avant lui, tous les descendans soient à *degrés égaux*;
les petits-enfans ne viennent donc pas, *de leur chef*,
à la succession de leur aïeul, lorsque leurs pères étaient
prédécédés.

Les auteurs de l'objection sont cependant forcés de
convenir qu'il y a, dans ce cas, une fiction de représentation, pour donner à tous les petits-enfans, issus du
même père, la part que celui-ci aurait prise lui-même
dans la succession, s'il eût été vivant, et ils reprodui-

sent, en conséquence, deux espèces de représentation, l'une *à l'effet de succéder*, qui est celle nécessaire pour être admis à la succession à laquelle on n'est pas appelé de son chef, et l'autre *à l'effet de partager*, qui es't pas nécessaire pour donner droit à la succession, mais dont l'effet est de faire opérer le partage par souches.

Le Code Civil n'admet pas ces deux espèces de représentation : il ne parle que de la représentation à l'effet de succéder, et, suivant l'art. 743, l'effet nécessaire de cette représentation est d'opérer le partage par ches.

D'ailleurs, cette distinction de deux espèces de représentation seroit absolument inutile d'après les dispositions du Code, puisqu'on ne peut pas trouver un seul cas où les descendans des enfans décédés avant l'aïeul ne soient pas obligés au partage par souches, et puissent être admis à succéder par têtes; peu importerait donc qu'on considérât ces descendans comme venant de leur chef, ou comme venant par représentation, puisque, dans notre système, en vertu de la représentation à l'effet de succéder, et dans l'autre système, en vertu de la représentation à l'effet de partager, le partage doit s'opérer de la même manière.

Ainsi, dans l'exemple ci-dessus, quoiqu'on prétende que François, Philippe, Marie et Anne viennent de leur chef à la succession de Pierre, leur bisaïeul, si leurs pères et aïeux étaient prédécédés, on convient cependant qu'ils partagent par souches, et qu'en conséquence la moitié de la succession appartient à François; mais on fait opérer ce partage par souches, en vertu de la représentation à l'effet partager, sans vouloir que la représentation à l'effet de succéder soit nécessaire; et nous, au contraire, conformément aux dispositions du Code Civil, qui ne parle que de la représentation à l'effet de succéder, conformément à la disposition de l'article 740, qui porte que la représen-

tation est admise, lorsque, les enfans du défunt étant
décédés avant lui, leurs descendans se trouvent entre
eux en degrés égaux ou inégaux, conformément à
l'article 743, qui porte que le partage s'opère par
souches dans tous les cas où la représentation est admise; nous décidons que François, Philippe, Marie et
Anne viennent à la succession de Pierre, leur bisaïeul,
non de leur chef, quoiqu'ils soient à degrés égaux,
mais par représentation de leurs pères et aïeux, et
qu'en conséquence ils partagent par souches.

Dans les deux opinions, le résultat est le même
pour le partage; mais notre opinion est la seule qui
soit conforme aux dispositions du Code Civil : elle a
d'ailleurs l'avantage d'éviter la distinction de deux espèces de représentation qui pourrait jeter beaucoup
d'obscurité dans cette matière, et c'est sur-tout cette
dernière considération qui nous a déterminés à com-
battre une distinction qui ne peut être d'aucune uti-
lité pour l'intelligence et l'application de la loi.

5. Au reste, il est sans difficulté que, lorsqu'il y a
des descendans qui sont appelés de leur chef, et d'autres à des degrés plus éloignés, ceux-ci ne peuvent venir
à la succession que par droit de représentation.

Dans l'exemple ci-dessus, il est évident que François, s'il se trouve en concours avec Gilbert, son
grand-oncle, qui vient de son chef à la succession de
Pierre, ne peut arriver à cette succession que par
représentation de Charles, son père, et de Jean, son
aïeul, qu'on suppose décédés avant Pierre : autrement,
et sans le bénéfice de la représentation, se trouvant à
un degré plus éloigné que Gilbert, il serait irrévocablement exclu, puisqu'il est de principe, en matière
de succession, que le parent le plus proche en degré
exclut dans sa ligne le parent le plus éloigné, lorsque
la représentation n'a pas lieu en faveur de celui-ci pour
le faire remonter au degré du parent le plus proche.

ARTICLE 741.

La représentation n'a pas lieu en faveur des ascendans ; le plus proche, dans chacune des deux lignes, exclut toujours le plus éloigné.

1. L'enfant doit avoir, et a réellement plus de tendresse pour son père, que pour son aïeul, et plus ses ascendans sont éloignés de lui, moins il éprouve pour eux cette affection vive et spontanée que la nature elle-même inspire.

Les ascendans les plus proches doivent donc exclure les ascendans plus éloignés, et il ne peut y avoir entre eux de représentation, puisque la représentation n'a pour objet que de rapprocher les degrés, suivant l'ordre des affections du défunt.

D'ailleurs, l'on ne représente que pour remonter à une succession, et jamais pour y descendre.

Ainsi le père exclut l'aïeul dans la succession de son fils : l'aïeul exclut le bisaïeul dans la succession du petit-fils.

2. Mais cette exclusion n'a lieu entre ascendans que *dans la même ligne*.

Ce n'est que dans la même ligne que l'ascendant le plus proche exclut l'ascendant le plus éloigné : dans une ligne, l'ascendant le plus proche n'exclut pas l'ascendant plus éloigné de l'autre ligne.

Ainsi le père n'exclut pas l'aïeul *maternel*, quoiqu'il soit à un degré plus proche ; mais ils partagent entre eux également, s'ils sont *seuls* appelés à la succession, attendu que, suivant l'art. 733, toute succession échue aux ascendans se divise en deux parts égales, dont l'une appartient aux ascendans paternels et l'autre aux ascendans maternels.

EXEMPLE.

```
DOMINIQUE.          CHARLES.

JOSEPH.             PAUL.

PIERRE marié à LOUISE.

        ANTOINE.
```

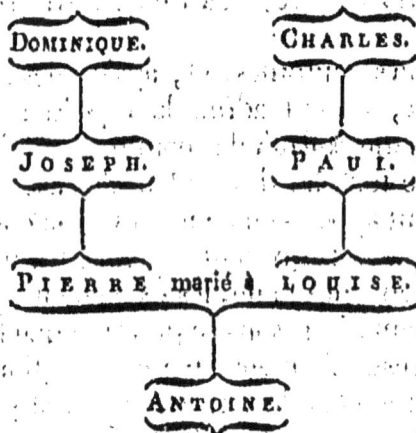

Dominique et Joseph sont exclus, par Pierre, de la succession d'Antoine; si Pierre était décédé avant son fils, Joseph exclurait Dominique.

Mais Pierre survivant n'exclura ni Paul, ni Charles, parcequ'il n'est pas de la même ligne que Paul et Charles qui sont aïeux maternels, et qu'il n'a droit qu'à la moitié qui appartient à la ligne paternelle.

De même, si Louise survit à son fils Antoine, elle exclura Paul et Charles qui sont de la même ligne, mais à des degrés plus éloignés : elle n'exclura ni Joseph, ni Dominique, qui sont d'une autre ligne.

Le plus proche dans chaque ligne prendra la moitié de la succession.

ARTICLE 742.

En ligne collatérale, la représentation est admise en faveur des enfans et descendans de frères ou sœurs du défunt, soit qu'ils viennent à sa succession concurremment avec des oncles ou tantes, soit que tous les frères et sœurs du défunt étant prédécédés, la succession se trouve dévolue à leurs descendans en degrés égaux ou inégaux.

1. Plusieurs coutumes, et, après elles, la loi du 17 nivose an 2, avaient admis la représentation jusqu'à l'infini en ligne collatérale comme en ligne directe, de sorte que tous les descendans de l'ascendant le plus proche étaient appelés en concours avec d'autres parens du défunt qui se trouvaient cependant à un degré plus proche, et souvent même, les excluaient par le bénéfice de la représentation, sous le prétexte que le défunt devait être présumé avoir eu une affection égale pour tous les descendans de son ascendant le plus proche.

Mais cette présomption était évidemment contraire à la vérité.

Il est certain que l'affection du défunt ne s'étend pas à l'infini à ses parens collatéraux, comme à ses propres descendans, et qu'en général, en ligne collatérale, c'est le parent le plus proche qui obtient la préférence.

Il ne peut y avoir d'exception qu'en faveur des descendans des frères et sœurs du défunt.

Nous avons déjà dit que l'homme qui n'a pas de postérité, et qui perd des frères qu'il aimait, reporte naturellement son affection sur tous leurs descendans : ses neveux, ses petits-neveux sont pour lui ce qu'étaient les frères dont ils prennent successivement la place et qu'ils lui représentent tous également ; mais cette affection qui lie toutes les branches issues du même père, ne s'étend pas à toutes les branches issues d'ascendans plus éloignés, et l'on ne peut contester qu'elle n'embrasse pas, d'une manière égale, tous les divers degrés de la descendance des aïeux, des oncles et des grands-oncles.

Aussi le Code Civil a borné la représentation, en ligne collatérale, aux enfans et descendans des *frères*

et sœurs de la personne dont la succession est ou‑
verte.

En étendant plus loin la représentation, c'était,
d'ailleurs, appeler à chaque succession une foule d'hé‑
ritiers, et ne donner le plus souvent à chacun d'eux
que des embarras et des procès.

Il n'y a donc plus aujourd'hui qu'une seule règle pour
vérifier si le parent qui se présente pour recueillir une
succession, peut y être admis par le bénéfice de la re‑
présentation; c'est de savoir s'il est enfant, ou descen‑
dant d'un frère ou d'une sœur du défunt.

Dans le cas de l'affirmative, il a le droit de repré‑
senter, sauf les exceptions portées dans les articles
730 et 744.

Au cas contraire, il n'est pas admis au bénéfice de
la représentation, et il se trouve exclu par un autre
parent qui, soit de son chef, soit par représentation,
se trouve à un degré plus proche du défunt.

EXEMPLE.

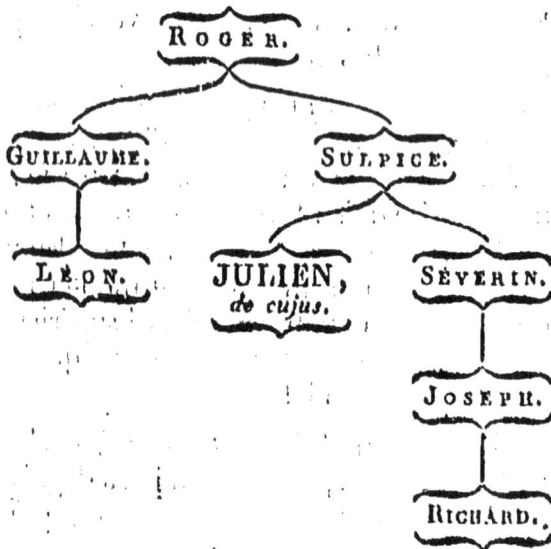

Julien est décédé sans postérité ni ascendans : Sulpice, Séverin et Joseph étaient morts avant lui : à qui appartiendra sa succession ?

Guillaume est parent au troisième degré de Julien, puisqu'il est son oncle, et Richard n'est qu'au quatrième degré ; il paraîtrait donc que, dans la ligne paternelle, Guillaume devrait, comme parent le plus proche dans cette ligne, exclure Richard qui est plus éloigné, puisque l'art. 733 dispose qu'en succession collatérale la portion déférée à une ligne appartiendra au parent le plus proche dans cette ligne.

Cependant ce sera Richard qui exclura, au contraire, Guillaume, parce qu'il est dans les termes de représentation et que Guillaume ne s'y trouve pas.

En effet, Richard est descendant d'un frère de Julien *de cujus*, et, comme descendant d'un frère de celui dont la succession est ouverte, il a le droit, suivant l'art. 742, de venir par représentation ; il représente donc Joseph son père qui représentait lui-même Séverin ; il monte conséquemment, par droit de représentation, au degré de Séverin son aïeul, et se trouve ainsi placé au second degré avec Julien.

Mais Guillaume ne peut représenter personne, parce qu'il n'est ni enfant, ni descendant d'un frère ou d'une sœur de Julien, et qu'en succession collatérale la représentation n'est admise qu'en faveur des enfans et descendans des frères et sœurs du défunt ; Guillaume reste donc à son degré, puisqu'il ne peut monter par le bénéfice de la représentation à un degré supérieur, et il se trouve conséquemment plus éloigné que Richard qui est monté au second degré.

A plus forte raison, Léon se trouverait exclu par Richard, quoiqu'ils soient parens de Julien à degrés égaux, puisque Léon ne peut pas, plus que son père, être admis à la représentation, n'étant pas descendant d'un frère ou d'une sœur de Julien.

Guillaume et Léon seraient pareillement exclus par tous autres descendans de Richard jusqu'à l'infini, tous ces descendans jouissant toujours du droit de représentation.

2. L'article 742 ne se borne pas à admettre la représentation en faveur de tous les enfans et descendans des frères et sœurs du défunt : il détermine encore dans quels cas et comment elle est admise ;

1° Il admet à la représentation les enfans et descendans des frères et sœurs prédécédés, lors même qu'ils se trouvent en concours avec leurs oncles, ou grands-oncles.

Ainsi le frère du défunt n'exclut pas les descendans d'un autre frère prédécédé, quoiqu'ils se trouvent personnellement à des degrés plus éloignés.

EXEMPLE.

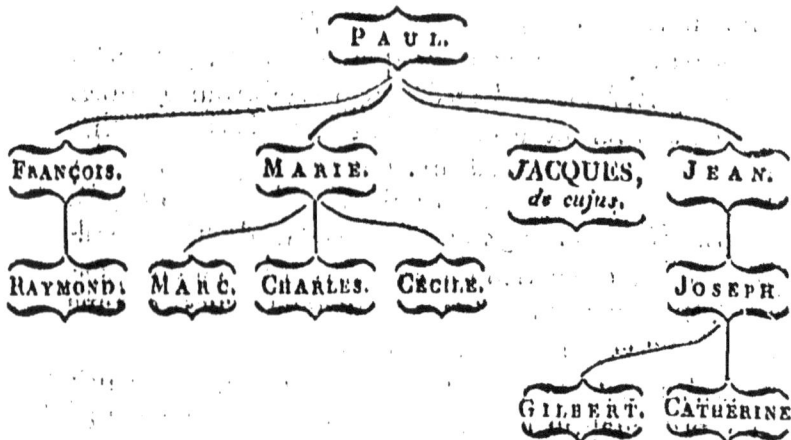

Jacques est décédé sans ascendans, ni descendans, après Jean son frère. François son autre frère, et Marie sa sœur, n'excluront pas de sa succession Joseph, fils de Jean, ni même Gilbert et Catherine, enfans de Joseph. Celui-ci, en représentant Jean son père, viendra à la succession de Jacques, conjointement avec François son oncle et avec Marie sa tante, et, s'il était décédé avant Jacques, ses enfans seront admis, comme lui, à la représentation, et partageront avec leur grand-oncle et avec leur grande-tante. Tous autres descendans à des degrés encore plus éloignés jouiraient également du même bénéfice, mais ne prendraient tous ensemble, comme on le verra par l'art. 743, que la même portion qu'aurait eue Jean, s'il avait survécu à Jacques.

2° Lorsque tous les frères et sœurs du défunt étaient décédés avant lui, l'art. 742 admet pareillement au bénéfice de la représentation, dans la succession du frère survivant, tous les descendans des frères et sœurs prédécédés, quand même ils se trouveraient à des degrés *inégaux*.

Ainsi, le fils d'un frère ou d'une sœur du défunt n'exclut pas le petit-fils d'un autre frère ou d'une autre sœur, ou, ce qui est la même chose, le neveu du défunt n'exclut pas le petit-neveu.

Dans le dernier exemple que nous avons rapporté, si François, Marie et Jean étaient décédés avant Jacques, et que Joseph fût aussi prédécédé, Gilbert et Catherine, petits-enfans de Jean, ne seraient pas exclus de la succession de Jacques par Raymond fils de François, ni par Marc, Charles et Cécile enfans de Marie. Gilbert et Catherine viendraient par représentation, quoiqu'ils ne soient que petits-neveux de Jacques, comme Raymond et Charles ses neveux.

Il n'en était pas ainsi dans le droit romain. Il bornait la représentation aux neveux du défunt : les petits-neveux ne pouvant représenter, étaient exclus par les neveux, ainsi que par les frères et sœurs du défunt.

Mais le Code Civil a étendu la représentation à tous

les descendans des frères et sœurs du défunt, à quelques degrés qu'ils se trouvent respectivement.

3°. L'art 742 établit encore que tous les descendans des frères et sœurs prédécédés viennent, par représentation, à la succession du frère survivant, quoiqu'ils soient tous *à degrés égaux*.

Ainsi, dans le dernier exemple ci-dessus, Raymond, Marc, Charles, Cécile et Joseph, quoiqu'ils soient descendans à degrés *égaux*, puisqu'ils sont tous enfans de frères ou de sœurs de Jacques de la succession duquel il s'agit, ne viendront pas, de leur chef, à cette succession : ils n'y viendront que par représentation des frères et sœurs de Jacques.

Voudrait-on encore opposer ici, comme sur l'art. 740, que les neveux qui se trouvent tous à un degré égal après la mort de leurs pères, n'ont pas besoin du secours de la représentation pour concourir ensemble à la succession de leur oncle, qu'ils y viennent tous par un droit qui leur est propre, et chacun d'eux par un droit qui est égal à celui des autres, et que, si le partage se fait entre eux par souches, conformément à l'art. 745, c'est en vertu de la représentation à l'effet de partager, quoiqu'ils viennent, de leur chef, à la succession, mais sans avoir besoin de la représentation à l'effet de succéder ?

Nous répondrions, comme nous l'avons déjà fait sur l'art. 740.

1° L'art. 742 dit expressément que la *représentation est admise*, lorsque, tous les frères et sœurs du défunt étant prédécédés, la succession se trouve dévolue à leurs *descendans* en degrés *égaux*, ou inégaux ; ce seroit donc résister ouvertement au texte de la loi que de soutenir que les neveux, qui sont descendans à degrés *égaux* des frères et sœurs prédécédés, viennent de leur chef et non par représentation, à la succession de leur oncle.

2º Le Code Civil n'ayant pas admis la distinction des deux espèces de représentation, l'une à l'effet de succéder, l'autre à l'effet de partager, on ne peut plus dire, depuis la publication du Code Civil, les descendans, à degrés égaux, des frères et sœurs prédécédés, ne partagent par souches la succession de leur oncle qu'en vertu de la représentation à l'effet de partager, sans y être appelés en vertu de la représentation à l'effet de succéder.

ARTICLE 743.

Dans tous les cas où la représentation est admise, le partage s'opère par souche : si une même souche a produit plusieurs branches, la subdivision se fait aussi par souche dans chaque branche, et les membres de la même branche partagent entre eux par tête.

1. On distingue deux sortes de partages, en matière de succession, celui qui s'opère par têtes, *in capita*, et celui qui s'opère par souches, *in stirpes*.

Le partage par têtes est celui où la succession se divise en autant de portions qu'il y a de têtes d'héritiers appelés à succéder, de manière que chaque héritier prend une part *égale* dans la succession.

Le partage par souches est celui où tous les héritiers d'une branche qui viennent par représentation de l'auteur de cette branche, ne prennent ensemble que la portion de celui qu'ils représentent, de manière que les héritiers de l'autre branche prennent une portion.

égale, sans avoir égard au nombre de personnes dont chaque branche est composée.

Ainsi, lorsqu'un frère du défunt a laissé trois enfans, et qu'un autre frère n'en a laissé qu'un, le partage a lieu par souches entre ces quatre enfans, de manière que les trois enfans d'un des frères n'ont ensemble qu'une portion égale à celle de l'enfant de l'autre frère, parce qu'ils n'ont droit de prendre ensemble que la portion qui aurait appartenu à leur père, s'il eût survécu, et que, par la même raison, l'enfant de l'autre frère doit avoir, à lui seul, toute la portion qu'aurait eue son père qu'il représente.

Si une même souche avait produit plusieurs branches, la portion échue à la première souche se diviserait encore par souches dans chaque branche.

Mais, en définitif, les membres de la même branche partagent entre eux, non plus par souches, mais par têtes, parce qu'entre eux ils ont des droits égaux.

2. Le partage par têtes a lieu, lorsque *tous* les héritiers sont aux mêmes degrés, et viennent *tous de leur chef* à la succession : chacun alors ayant des droits égaux, doit avoir une égale portion.

Le partage se fait par souches, lorsqu'*un seul ou plusieurs* des cohéritiers viennent *par représentation*, tous les héritiers qui succèdent par représentation ne pouvant avoir conjointement que la portion de celui qu'ils représentent.

Le partage a donc lieu par souches *dans tous les cas* où la représentation est admise, et dans toutes les successions où tous les héritiers ne viennent pas de leur chef.

EXEMPLE.

```
                    GILBERT,
                    de cujus.


        JEAN.              PIERRE.


            ANTOINE.                  GEORGES.


   JACQUES.  BARTHÉLEMY.   GRÉGOIRE.  SIMÉON.  JULES.
```

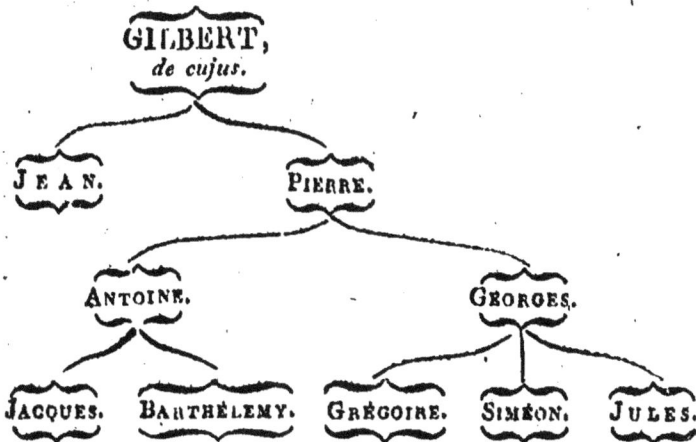

Jean et Pierre partagent par têtes la succession de Gilbert leur père, parce qu'ils viennent de leur chef.

Mais, si Pierre était mort avant Gilbert, le partage s'opèrerait par souches, attendu qu'Antoine et Georges venant, par représentation de leur père, à la succession de Gilbert leur aïeul, n'auraient droit conjointement qu'à la portion qu'il aurait eue lui-même, s'il eût survécu ; ils n'auraient donc ensemble que la moitié, au lieu qu'ils auraient eu les deux tiers, en concourant avec Jean leur oncle, si le partage avait eu lieu par *têtes*.

Si Pierre et Antoine étaient décédés avant Gilbert, la portion qui aurait appartenu à Pierre, s'il eût survécu, se subdiviserait encore par souches entre la branche d'Antoine et celle de Georges, et comme la branche d'Antoine est composée de deux personnes, Jacques et Barthélemy, ils n'auraient ensemble que la moitié de la portion affectée à la branche de Pierre, ce qui serait le quart de la totalité : ce quart, ils le partageraient entre eux par égalité, parce qu'ils sont l'un et l'autre de la même branche, et l'autre quart appartiendrait à Georges comme représentant, pour moitié, Pierre son père.

Ainsi, dans la succession de Gilbert, Jean aurait la moitié, Georges le quart, et Jacques et Barthélemy auraient chacun la huitième portion.

Si Georges était aussi décédé avant Gilbert, ses trois enfans n'auraient conjointement que le quart qui lui eût appartenu.

En un mot, le représentant ne peut avoir plus de droits que le représenté. Comme il prend sa place, il est évident qu'il ne doit avoir que la même portion, mais qu'il doit l'avoir toute entière.

La même règle a lieu, en ligne collatérale, à l'égard des enfans et descendans de frères ou sœurs du défunt.

Tous les descendans du même frère, en quelque nombre qu'ils soient, ne prennent ensemble que la portion qu'il aurait prise lui-même, s'il eût survécu, et lorsque les branches se subdivisent, tous les membres de chaque branche particulière n'ont droit qu'à ce qui aurait appartenu à l'auteur de cette branche, s'il eût été lui-même héritier.

3. Nous avons établi, dans nos observations sur l'article 740, que, dans le cas où tous les enfans du défunt étaient morts avant lui, leurs descendans ne viennent pas, de *leur chef*, à la succession de l'auteur commun, *quoiqu'ils se trouvent tous entre eux à degrés égaux*, mais qu'ils ne succèdent que par représentation.

Il en résulte qu'ils partagent la succession par souches, et non par têtes, puisque l'art. 743 porte expressément que, dans tous les cas où la représentation est admise, le partage s'opère par souches.

C'était aussi la disposition du droit romain, *lib. 2, C. de suis*, *et leg. Nov.* 118, *cap.* 1.

Le droit romain avait une disposition différente en ligne collatérale : il admettait les neveux, issus de plusieurs frères, à succéder par têtes à leur oncle, lorsqu'ils ne se trouvaient pas en concours avec un autre frère du défunt.

Mais le Code Civil ayant admis, en ligne collatérale, comme en ligne directe, que les descendans qui ne se trouvent pas personnellement au premier degré, ne viendraient que par représentation, ainsi que nous l'avons fait remarquer sur l'art. 742, et la disposition de l'art. 743 ordonnant le partage par souches dans tous les cas où la représentation est admise, il en résulte qu'en ligne collatérale, comme en ligne directe, les descendans qui ne sont pas au premier degré, partagent par souches, et non par têtes, *quoiqu'ils se trouvent tous entre eux à degrés égaux.*

Ainsi, lorsque tous les frères et sœurs du défunt sont morts avant lui, leurs descendans, lors même qu'ils se trouvent tous à degrés égaux, ne viennent pas de leur chef à la succession de leur oncle ou grand-oncle, et ne partagent point par têtes ; mais les descendans de la même branche ne prennent tous ensemble que la portion qu'aurait eue l'auteur de cette branche.

Il est juste, en effet, que les descendans d'un frère n'aient pas plus que les descendans d'un autre frère dans la succession de l'oncle et du grand-oncle commun.

EXEMPLE.

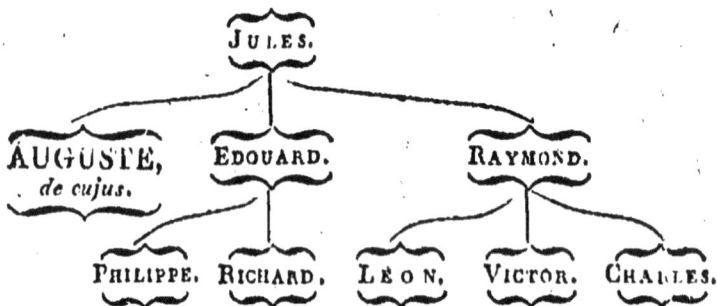

Quoique les enfans d'Edouard, et ceux de Raymond soient tous également neveux d'Auguste, ils ne partageront pas par têtes sa succession.

Comme cette succession aurait été divisée par moitié entre Edouard et Raymond, s'ils eussent survécu à leur frère, de même les enfans d'Edouard, qui le représentent et doivent avoir tous ses droits, auront, à eux seuls, la moitié de la succession, et les trois enfans de Raymond, qui ne peuvent avoir plus de droits que leur père, n'auront que l'autre moitié, au lieu qu'ils auraient eu trois portions de cinq, s'ils avaient partagé, par têtes, avec leurs cousins germains.

ARTICLE 744.

On ne représente pas les personnes vivantes, mais seulement celles qui sont mortes naturellement ou civilement.

On peut représenter celui à la succession duquel on a renoncé.

1. Pour donner sur cet article tous les développemens nécessaires, il faut rapprocher de sa disposition celles des articles 786 et 787 : elles doivent être exa-

minées conjointement, parce qu'elles ont besoin, sous plusieurs rapports, d'être expliquées l'une par l'autre, et qu'elles dérivent des mêmes principes : il ne peut être, d'ailleurs, que très-utile de réunir ici toutes les règles relatives au droit de représentation.

2. Nous observerons d'abord qu'on ne peut être appelé à une succession par droit de représentation, s'il l'on n'a pas toutes les qualités requises pour succéder.

Le représentant est un héritier substitué à la personne qui aurait été héritière elle-même, si elle avait vécu; il doit donc avoir toutes les qualités requises pour être héritier ; autrement il ne peut succéder.

Ainsi, l'enfant qui n'était pas encore conçu lors de l'ouverture de la succession, l'enfant qui n'est pas né viable, l'étranger dans le pays duquel un Français ne serait pas successible en semblable matière, et la personne qui s'est rendue indigne, ne sont pas admis à représenter, parce qu'ils ne sont pas habiles à succéder.

3. Il est aussi sans difficulté qu'on ne peut représenter dans une succession celui qui n'aurait pas les qualités requises pour succéder, ou qui se serait rendu indigne, puisqu'il est évident que le représentant ne pourrait avoir aucuns droits, si le représenté n'en avait aucuns, et qu'il ne pourrait être héritier, en prenant la place d'une personne qui ne pourrait être elle-même héritière.

4. Cependant on peut représenter une personne morte *civilement* à l'époque de l'ouverture de la succssion, quoiqu'elle n'eût plus elle-même les qualités requises pour succéder.

Cette exception, qui avait été admise par le droit écrit, et par notre ancienne jurisprudence, est maintenue dans le Code Civil : elle est maintenue par esprit de justice, afin que les enfans ne soient pas privés des successions par la faute de leurs pères.

On n'a pas admis la même exception en faveur des enfans de l'indigne, quoiqu'ils soient personnellement aussi favorables que les enfans de la personne morte civilement.

Mais on a considéré que l'indignité étant prononcée pour cause d'attentat, ou au moins de délit grave, commis sur la personne même dont la succession est ouverte, il serait contre l'honnêteté publique d'appeler à cette succession le représentant de l'assassin, ou du dénonciateur, du défunt; au lieu que, dans le cas de la mort civile, le crime étant étranger à l'auteur de la succession, il n'y a pas d'inconvenance relative à admettre la représentation en faveur des enfans du coupable.

D'ailleurs, la personne morte civilement n'a jamais pris, ni pu prendre la succession; la place et le degré qu'elle aurait pu occuper se trouvent donc vacans, et le représentant peut les remplir.

Au contraire, l'indigne a été héritier : il a été saisi par la loi, et a rempli son degré; une autre personne ne peut donc, lorsqu'il se trouve forcé de restituer, être appelée à remplir le même degré, ni à prendre la place qu'il avait occupée, parce qu'on ne peut représenter celui qui a été déjà héritier lui-même, et qu'évidemment celui qui a été héritier, et a cessé de l'être, ne peut plus être représenté comme héritier, puisqu'ayant perdu cette qualité, il ne peut la transmettre.

Ainsi le petit-fils vient, conjointement avec son oncle, et avec tous les descendans de cet oncle, à la succession de son aïeul, quoique son père fût mort civilement; mais le petit-fils dont le père a été déclaré indigne, ne pouvant le représenter, est exclu par tous les descendans de l'aïeul qui sont dans les termes de représentation, et même par le petit-fils dont le père était mort civilement.

EXEMPLE.

PIERRE,
de cujus.

JEAN,
mort civilement.

GABRIEL,
déclaré indigne.

PHILIPPE.

CHARLES.

ANTOINE.

GILBERT.

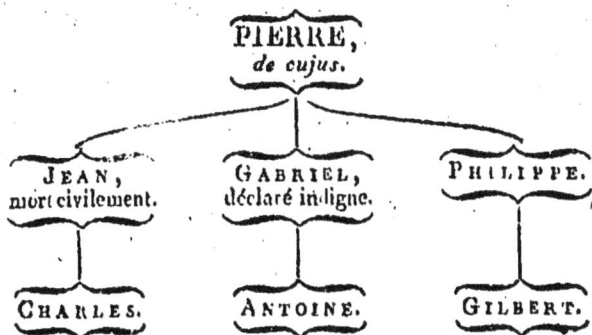

Charles n'est pas exclu de la succession de Pierre, par Philippe, son oncle, qui est fils du défunt, ni par les descendans de son oncle : il vient conjointement avec eux, parce qu'il a le droit de représenter son père, quoique celui-ci fût mort civilement avant le décès de Pierre.

Mais Antoine ne pouvant représenter Jean, son père, qui a été déclaré indigne de succéder à Pierre, se trouve exclu par Philippe et par Charles, et lors même qu'il ne se trouverait en concours qu'avec Charles, il serait encore exclu, ne pouvant jouir, comme lui, du bénéfice de la représentation.

Il en est de même en ligne collatérale, ainsi que nous le verrons dans l'exemple suivant :

5. L'article 744 que nous examinons a établi, en règle générale comme l'avaient fait le droit écrit, et presque toutes nos coutumes, qu'on ne représente pas les personnes *vivantes* ; et il en résulte qu'on ne peut représenter, dans une succession, la personne qui a renoncé, même gratuitement, à cette succession.

De sorte, dit Ricard sur l'article 319 de la coutume de Paris, que, si le père habile à être héritier renonce, le fils ne peut venir avec ses oncles, à la succession de son aïeul, par la représentation de son père.

Quand la personne qui a renoncé serait ensuite décédée, elle ne pourrait être représentée dans la même succession, parce qu'en renonçant elle a perdu tous ses droits, et qu'on ne peut plus conséquemment en avoir de son chef.

D'ailleurs, les successions se prennent en l'état où elles se trouvent à l'époque de leur ouverture, et c'est l'instant du décès qui fixe les qualités des héritiers.

6. Mais celui qui ne peut représenter un héritier qui a renoncé, peut venir de son chef à la succession, si, après le renonçant, il se trouve le parent le plus proche du défunt, ou, au moins, s'il n'y a pas d'autres parens plus proches que lui.

Pour savoir si les enfans d'une personne qui a renoncé à une succession, peuvent la recueillir eux-mêmes, et sans le bénéfice de la représentation, il faut donc distinguer s'il y a d'autres héritiers qui, soit de leur chef, soit par représentation, se trouvent, à l'égard du défunt, au même degré que le renonçant, ou s'il n'y a pas d'héritiers aussi proches.

Dans le premier cas, les enfans du renonçant ne peuvent rien prétendre, parce qu'ils se trouvent à un degré plus éloigné que les cohéritiers de leur père, et qu'ils ne pourraient arriver au degré supérieur que par le moyen de la représentation, qui ne leur est pas accordée. Il y a cependant une exception qui sera expliquée au n° 8, pag. 92.

Ainsi, lorsqu'un père a laissé deux fils, dont l'un a accepté sa succession, et l'autre y a renoncé, les enfans du renonçant se trouvent exclus par le fils qui a accepté, *et même par tous ses descendans.* Tous ces descendans, en effet, arrivent par le bénéfice de la représentation au degré de leur père, au lieu que les enfans du renonçant, ne pouvant le représenter, restent à leur degré.

Il en est de même, en ligne collatérale, entre les descendans de deux frères du défunt : les descendans du frère qui a accepté, excluent tous les descendans du frère qui a renoncé.

Mais, s'il n'y avait pas d'autres héritiers, qui, *soit de leur chef*, *soit par représentation*, fussent au même degré que le renonçant, alors les enfans du renonçant viendraient en concours avec d'autres parens qui leur seraient égaux en degrés, et excluraient tous autres parens plus éloignés ; parce qu'ils n'auraient pas besoin, en ce cas, du secours de la représentation, et qu'ils seraient appelés de leur chef, comme étant personnellement les parens les plus proches.

Ainsi, quoique les enfans du renonçant ne puissent pas venir, par représentation, à la succession répudiée par leur père, ils peuvent, dans tous les cas, y venir de leur chef, lorsqu'ils se trouvent eux-mêmes dans un degré habile pour succéder. Ils ne sont pas exclus de la succession, parce que leur père y a renoncé : seulement, ils ne peuvent remplir son degré ; mais ils sont appelés à succéder de leur chef au degré où ils se trouvent ; de sorte que, si leur père était seul héritier, et qu'après lui ils se trouvassent les plus prochains en degré, ou les premiers appelés par la loi, ils prendraient toute la succession à laquelle aurait renoncé leur père.

EXEMPLE.

JULES.

RAYMOND.　　　　　　　AUGUSTE.

FERDINAND　PIERRE,　JACQUES,　JEAN,　PAUL,
　　　　　mort civilem.　renonçant.　déclaré indigne　de cujus.

FRANÇOIS.　GEORGES.　M A R C.

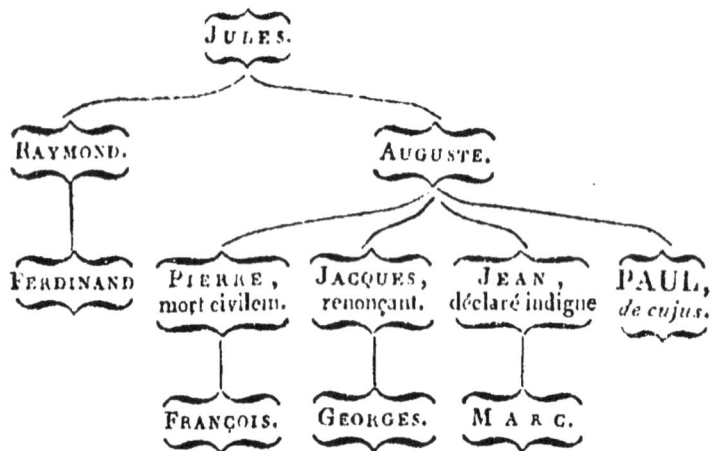

François prendra , seul , toute la succession de
Paul son oncle, et il exclura Georges et Marc qui
cependant sont, comme lui, neveux du défunt.

En effet , il représente Pierre son père , quoique
celui-ci fût mort civilement lors du décès de Paul, et
il monte conséquemment au second degré, au lieu que
Georges et Marc ne pouvant représenter leurs pères,
dont l'un a renoncé à la succession de Paul, et dont
l'autre a été déclaré indigne, restent au troisième degré et ne peuvent concourir avec François.

Si François était mort sans postérité avant Paul
son oncle, Georges et Marc viendraient, de leur chef, à
la succession de Paul, et ils partageraient conjointement,
et par têtes, avec Raymond oncle du défunt, parce
qu'ils se trouveraient tous les trois au même degré
qui est le troisième.

En supposant encore que Raymond fût décédé avant
Paul, Ferdinand serait exclu de la succession de Paul
par Georges et Marc, parce qu'il serait à un degré
plus éloigné, et ne pourrait venir par représentation,
n'étant pas descendant de frère ou sœur du défunt.

7. Lorsqu'un père a laissé deux fils qui ont renoncé

à sa succession, les enfans de l'un et de l'autre viennent en concours à la succession de l'aïeul commun, parce qu'ils se trouvent personnellement au même degré à l'égard de l'aïeul, et qu'ils sont, après les héritiers qui ont renoncé, les héritiers les plus prochains appelés par la loi; mais comme, dans ce cas, ils viennent *de leur chef*, ils partagent par têtes, et non par souches, le partage par souches ne pouvant avoir lieu que dans le cas où la représentation est admise, ainsi que nous l'avons expliqué sur l'article précédent.

8. Si le défunt n'avait laissé qu'un fils qui eût renoncé à sa succession, tous les enfans et descendans de ce fils viendraient de leur chef à la succession, *à l'exclusion de tous parens collatéraux, et de tous ascendans*, sans avoir égard à la proximité du degré de parenté ; et c'est là une exception à la règle que nous avons établie, page 89, n° 6; mais elle est fondée sur l'art. 745, qui veut que les successions ne soient déférées aux parens collatéraux et aux ascendans, que que lorsqu'il n'y a pas de descendans du défunt.

9. L'héritier qui a renoncé, étant censé n'avoir jamais été héritier, suivant la disposition de l'article 785, il ne faut plus le considérer dans la succession ; tous ses droits passent aux héritiers qui auraient été en concours avec lui, s'il eût accepté, ou aux héritiers les plus proches après lui.

Il n'est pas représenté, et ne pourrait l'être utilement, puisqu'il n'a plus de droits ; mais son gré se trouve vacant, comme s'il n'eût jamais été rempli.

Telles sont les dispositions précises des articles 786 et 787 du Code.

La part du renonçant, dit l'article 786, *accroît à ses cohéritiers; s'il est seul, elle est dévolue au degré subséquent.*

On ne vient jamais, est-il dit dans l'article 787, *par représentation d'un héritier qui a renoncé. Si le renonçant est seul héritier de son degré, ou si tous ses cohéritiers renoncent, les enfans viennent de leur chef et succèdent par têtes.*

10. Mais si l'héritier était mort, avant d'avoir accepté ou répudié la succession qui lui était échue, quels seraient les droits de ses enfans ?

Il est certain d'abord que ses enfans ne pourraient le représenter dans la succession qui lui était échue, puisqu'il était vivant lors de l'ouverture de cette succession, et que, suivant l'article 744, on ne représente pas les personnes vivantes.

Mais ils pourraient, comme ses héritiers *personnels*, recueillir l'hérédité à laquelle il avait droit, cette hérédité se trouvant dans sa propre succession, puisqu'il n'y avait pas renoncé, et que, suivant l'art. 784, la renonciation ne se présume pas.

Ils pourraient encore, suivant l'art. 781, diviser les deux successions, renoncer à celle qui était échue à leur père, s'il ne l'avait pas acceptée, et s'en tenir à sa succession personnelle.

Mais, s'ils renonçaient à la succession de leur père, ils ne pourraient prétendre à le représenter pour obtenir la succession de leur aïeul, parce qu'on ne peut jamais représenter dans une succession la personne qui existait au moment de l'ouverture ; ils ne pourraient donc avoir la succession de leur aïeul, en renonçant à celle de leur père, que dans le cas où ils se trouveraient eux-mêmes, *et de leur chef*, les plus prochains héritiers de cet aïeul, après leur père.

11. Quoiqu'on ne puisse représenter l'héritier qui a renoncé, on peut cependant, aux termes de l'art. 744, représenter celui à la succession duquel on a renoncé, *s'il était mort avant l'ouverture de la succession dans laquelle on veut le représenter.*

Ainsi le fils qui a renoncé à la succession de son père, a droit, cependant, de le représenter dans la succession de son aïeul décédé postérieurement.

Ce n'est pas de la main du représenté que le représentant tient ses droits, mais de la volonté de la loi; il n'est donc pas nécessaire d'être héritier de celui qu'on veut représenter.

Comme on tient sa place, en vertu de la loi, dans la succession à laquelle il aurait eu droit, s'il eût survécu, on ne peut être tenu d'accepter sa succession qui est distincte et séparée.

Il en résulte que le représentant n'est pas tenu des faits, ni chargé du paiement des dettes de la personne qu'il représente, s'il renonce à sa succession, puisqu'en ce cas il ne tient rien du représenté qui lui-même n'avait rien dans la succession dont il s'agit, et que dès-lors il ne peut être tenu d'aucuns des engagemens personnels au représenté.

Mais il est obligé au rapport de tout ce que la personne représentée aurait dû rapporter à la succession, parce qu'il n'a droit de prendre que la part que le représenté aurait dû avoir : c'est la disposition précise de l'art. 848.

12. La représentation est immédiate, c'est-à-dire que, du degré inférieur, elle va au degré *immédiatement* supérieur, sans qu'il soit permis d'omettre un degré intermédiaire, pour arriver à un degré plus éloigné.

Ainsi, elle va du fils au père, du père à l'aïeul, de l'aïeul au bisaïeul, et ainsi de suite; mais elle ne peut aller directement du petit-fils à l'aïeul, sans passer par le degré du père.

Le fils dont le père a renoncé, ou a été déclaré indigne, ne peut représenter son aïeul prédécédé, pour arriver à la succession de son bisaïeul.

Le lien de la représentation se trouvant rompu, le fils reste à son degré et ce n'est que de son chef, et non par représentation, qu'il peut être appelé à la succession de son bisaïeul : il serait conséquemment exclu par tous autres descendans de l'aïeul, ou du bisaïeul, qui se trouveraient dans les termes de représentation.

Nous avons vu, en effet, sur l'art. 739, que, suivant la novelle 118, la représentation est un droit par lequel l'enfant succède au lieu de son père qui est décédé, avant que la succession soit ouverte.

C'est donc à la place de son père qu'on est admis à succéder par voie de représentation.

Mais si le père a renoncé, ou a été déclaré indigne, son enfant ne peut plus occuper sa place ni remplir son degré; il n'y a donc plus lieu à représentation.

C'était au père qu'appartenait le droit de représenter l'aïeul, pour venir à la succession du bisaïeul : il a épuisé ce droit, même en renonçant, par la même raison que celui qui renonce épuise son degré ; et le droit de représentation ne peut pas plus appartenir, pour la même hérédité, à deux personnes *successivement*, qu'un degré qui a déjà été occupé par une personne, même renonçante, ne peut être rempli par une autre.

EXEMPLE.

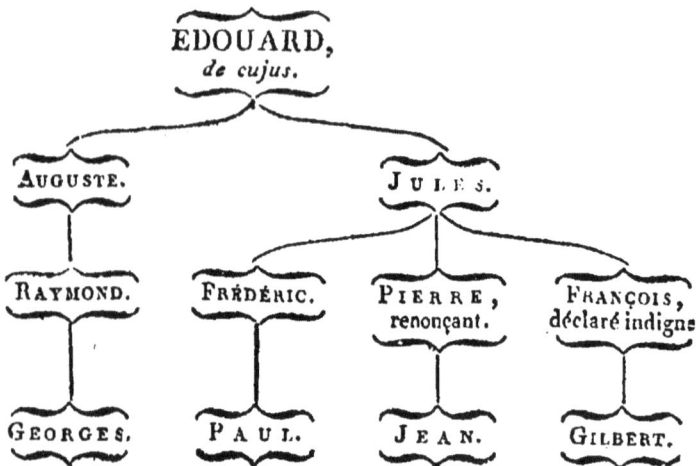

EDOUARD,
de cujus.

AUGUSTE. JULES.

RAYMOND. FRÉDÉRIC. PIERRE, renonçant. FRANÇOIS, déclaré indigne

GEORGES. PAUL. JEAN. GILBERT.

Après la mort de Jules, Édouard décéde et laisse, pour héritiers, Pierre, François, Georges et Paul : Pierre renonce à la succession, et François en est déclaré indigne.

Jean et Gilbert ne pouvant représenter leurs pères, ainsi qu'on l'a précédemment expliqué, ne pourront pas, non plus, représenter Jules, leur aïeul, pour arriver à la succession d'Édouard, puisqu'on ne peut être appelé, par représentation, à la succession de ses aïeux paternels, qu'en représentant son père : ils seront exclus par Georges et par Paul qui sont dans les termes de représentation, quoiqu'ils soient tous, *au même degré*, descendans d'Édouard.

SECTION III.

Des Successions déférées aux Descendans.

ARTICLE 745.

Les enfans, ou leurs descendans, succèdent à leurs père et mère, aïeuls, aïeules, ou autres ascendans, sans distinction de sexe ni de primogéniture, et encore qu'ils soient issus de différens mariages.

Ils succèdent par égales portions et par tête, quand ils sont tous au premier degré et appelés de leur chef; ils succèdent par souche, lorsqu'ils viennent tous, ou en partie, par représentation.

1. Il est dans l'ordre de la nature que les biens passent des pères et mères à leurs enfans et à tous les descendans de ces enfans.

Mais il est aussi dans le vœu de la nature, 1° que tous les enfans et descendans soient indistinctement appelés ; 2° que chacun des enfans ait une portion égale des biens, et la transmette à ses descendans.

Combien cependant il existait de coutumes qui n'appelaient pas *tous* les enfans et descendans aux successions des pères et mères, ou qui ne leur attribuaient que des droits très-inégaux ! *Voyez le tableau de la Législation ancienne et de la Législation nouvelle sur les Successions, tit. 4, chap. 3, sect. 2, page 90 et suivantes.*

Ici, l'enfant mâle était seul héritier, et excluait les filles.

Ailleurs, la fille était exclue par son mariage, ou par la dot la plus modique.

Dans les coutumes qui n'admettaient pas la représentation en ligne directe, le petit-fils, dont le père était prédécédé, se trouvait exclu, par ses oncles et tantes, de la succession de son aïeul.

Mais, dans presque toutes, le principe de l'égalité entre les enfans était violé de la manière la plus révoltante.

Les priviléges accordés aux mâles à l'exclusion des filles, et aux aînés à l'exclusion des cadets, avaient établi, entre les enfans du même père, des inégalités choquantes qui étaient une source continuelle de débats dans les familles, et de troubles dans la société.

La presque totalité des successions appartenait aux mâles : la moindre dot, un simple chapeau de roses, composait la légitime des filles, et, parmi les mâles, les aînés emportaient presque tout : les puînés étaient traités, à peu près, comme les filles.

Dans quelques coutumes encore, on distinguait entre

7

les enfans issus du même père, mais de divers mariages, et on faisait dépendre leurs droits successifs du
mariage dont ils étaient nés.

Tous ces priviléges odieux d'aînesse et de mas-
culinité, toutes ces distinctions entre les enfans du
même père, ne souilleront plus notre législation.

La nature a donné des droits égaux à tous les enfans : le Code Civil leur en assure la jouissance.

Ainsi, tous les enfans et leurs descendans, sans distinction de sexe, ni de primogéniture, et encore qu'ils
soient issus de différens mariages, succéderont également à leurs père, mère et autres ascendans.

Il ne sera plus permis d'apanager les filles, ni de
les faire renoncer aux successions non échues de leurs
père et mère.

Il ne sera plus permis d'instituer l'un de ses enfans
son héritier universel, et de réduire les autres à de
simples légitimes.

Seulement la loi permet aux pères et mères, et aux
autres ascendans, de faire quelques dispositions particulières qui sont restreintes dans de justes bornes,
ainsi qu'il sera expliqué au titre 2 du III° livre du
Code.

Mais quand les père, mère, et autres ascendans,
n'auront pas usé de cette faculté qu'il était nécessaire de leur accorder, la loi ne violera plus l'égalité
qu'ils auront respectée : elle n'opposera plus une volonté arbitraire et injuste au vœu de la nature : tous
les biens dont les ascendans n'auront pas disposé d'une
manière légale, seront partagés également entre tous
leurs enfans et descendans.

2. On a vu, sur l'article 740, que, lorsque les
enfans ou descendans viennent *tous de leur chef*
à la succession, ils partagent *par têtes*, mais que,

si l'un, ou plusieurs d'entre eux viennent *par représentation*, le partage s'opère *par souches*.

3. Dans tous les cas, les enfans et descendans du défunt, quels que soient leurs degrés, sont appelés à lui succéder, à l'exclusion de tous ses ascendans et de tous ses parens collatéraux, lors même que se trouvant privés du bénéfice de la représentation, ils seraient, de leur chef, à des degrés plus éloignés que des ascendans et des collatéraux.

Dans le droit, comme dans le vœu de la nature, tous les enfans et descendans du défunt ne sont considérés que comme une seule et même personne avec lui.

EXEMPLE.

PIERRE,
à
MARIF.

JACQUES,   GEORGES.
de cujus.

JEAN.

GILBERT.

MARC.

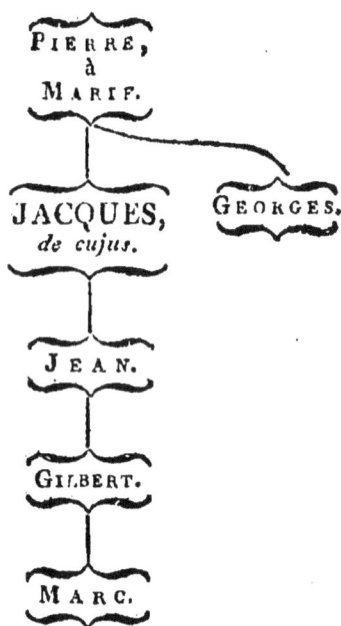

Jacques décède après Jean son fils : Gilbert, son petitfils, renonce à sa succession. Marc, arrière petit-fils, ne peut venir que de son chef à la succession de Jacques, puisqu'il ne peut représenter son père qui a renoncé, et il n'est personnellement qu'au troisième degré à l'égard de Jacques; cependant il excluera Pierre et Marie qui sont ascendans au premier degré, et Georges, frère du défunt, qui est au second degré.

En un mot, la ligne directe descendante est toujours préférée à la ligne directe ascendante, ainsi qu'à la ligne collatérale.

6. Suivant l'art. 333 du Code, les enfans nés hors mariage, mais qui ont été légitimés par le mariage subséquent de leurs père et mère, dans la forme prescrite par l'art. 331, ont, dans la famille, le même rang et les mêmes droits que les enfans nés pendant le mariage; les uns et les autres succèdent donc également et par portions égales, et la représentation a lieu pareillement en faveur des descendans des uns et des autres.

L'adopté jouit aussi, dans la succession de l'adoptant, des mêmes droits que l'enfant légitime, suivant l'art. 350 du Code.

Ainsi, lorsqu'un père laisse, en mourant, un enfant légitime, un enfant né de lui hors mariage, mais légitimé par mariage subséquent, et un enfant adopté, sa succession se partage par tiers entre ces trois enfans.

Mais il faut remarquer, à l'égard de l'enfant adopté, 1° qu'il ne succède qu'à l'adoptant, et n'a aucun droit de successibilité sur les biens des parens de l'adoptant; 2° que, si l'adopté est mort avant l'adoptant, ses enfans ou descendans ne le représentent point dans la succession de l'adoptant, et n'ont aucun droit à cette succession. *Voyez le tableau de la Législation ancienne et de la Législation nouvelle sur les successions, pages* 110, 111 *et* 112.

EXEMPLE.

```
                    ┌─────────┐
                    │ PIERRE. │
                    └────┬────┘
                         │
                    ┌────┴────┐
                    │  PAUL.  │
                    └────┬────┘
          ┌──────────────┼──────────────┐
    ┌─────┴─────┐  ┌──────┴──────┐  ┌────┴─────┐
    │   JEAN,   │  │   BENOÎT,   │  │ ANTOINE, │
    │  enfant   │  │   enfant    │  │  enfant  │
    │ légitime. │  │  légitimé.  │  │ adopté.  │
    └─────┬─────┘  └──────┬──────┘  └────┬─────┘
          │               │              │
    ┌─────┴─────┐  ┌──────┴──────┐  ┌────┴─────┐
    │   MARC.   │  │  RAYMOND.   │  │ GEORGES. │
    └───────────┘  └─────────────┘  └──────────┘
```

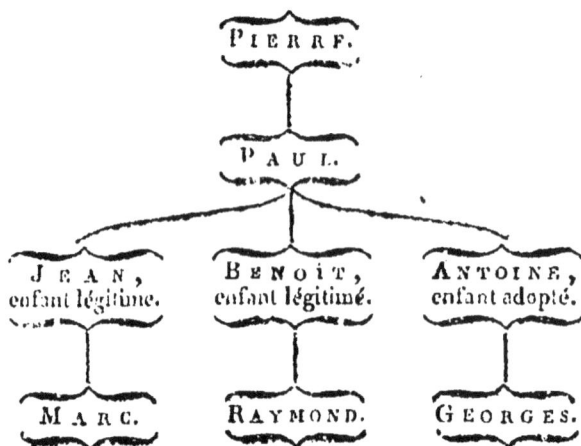

La succession de Paul se partage par égales portions et par têtes, entre Jean, Benoît et Antoine.

Si Benoît et Jean étaient décédés avant leur père,
ils seraient représentés par Marc et Raymond qui
viendraient en concours avec Antoine, dans la succession de Paul.

Mais si Antoine adopté était décédé avant Paul
adoptant, Georges son fils serait entièrement exclu de
la succession de Paul : il serait exclu non seulement par
Benoît et Jean et par Marc ou Raymond, mais encore
par tous autres parens de Paul, soit en ligne directe, soit
en ligne collatérale. L'adoption n'étant qu'un lien d'affection personnelle entre l'adoptant et l'adopté, et ce lien se
trouvant rompu par le prédécès de l'adopté, ses enfans
ne peuvent plus avoir aucun droit à la succession de
l'adoptant.

Enfin, s'il était question de la succession de Pierre, qui
aurait survécu à Paul son fils, elle serait partagée entre
Jean et Benoît, ou leurs descendans; mais Antoine adopté

par Paul, n'y aurait aucun droit, parce que l'adopténe succède pas aux parens de l'adoptant.

SECTION VI.

Des Successions déférées aux Ascendans.

ARTICLE 746.

Si le défunt n'a laissé ni postérité, ni frère, ni sœur, ni descendans d'eux, la succession se divise par moitié entre les ascendans de la ligne paternelle, et les ascendans de la ligne maternelle.

L'ascendant qui se trouve au degré le plus proche, recueille la moitié affectée à sa ligne, à l'exclusion de tous autres.

Les ascendans au même degré succèdent par tête.

1. La Novelle 118 et la Novelle 127 admettaient les ascendans les plus proches du défunt à concourir avec ses frères germains et avec leurs enfans : elles préféraient les ascendans à tous autres parens collatéraux.

L'article 746 que nous examinons, n'admet les ascendans à succéder que lorsque le défunt n'a laissé ni postérité, ni frères, ni sœurs, ni descendans de ces frères et sœurs.

Les frères et sœurs du défunt, et tous leurs descendans, sont donc toujours préférés aux ascendans, lorsqu'ils ont les qualités requises pour succéder.

Il y a cependant une exception en faveur des père et mère du défunt qui sont admis, ainsi que nous le verrons dans l'article 748, à concourir avec les frères, les sœurs et leurs descendans.

Mais les aïeux, bisaïeux et tous autres ascendans plus éloignés, sont exclus par les frères et sœurs du défunt, et même par les descendans de ces frères et sœurs, à quelque degré qu'ils soient, la représentation étant admise en faveur de tous ces descendans, suivant l'art. 742, au lieu qu'elle n'est jamais admise en faveur des ascendans.

EXEMPLE.

PIERRE,
à
FRANÇOISE.

JACQUES,
à
PAULINE.

GILBERT,
à
SOPHIE.

CÉCILE.   MARC, *de cujus.*   JEAN.

JOSEPH.   SIMON.

CHARLES.   GRÉGOIRE.   MARIE.

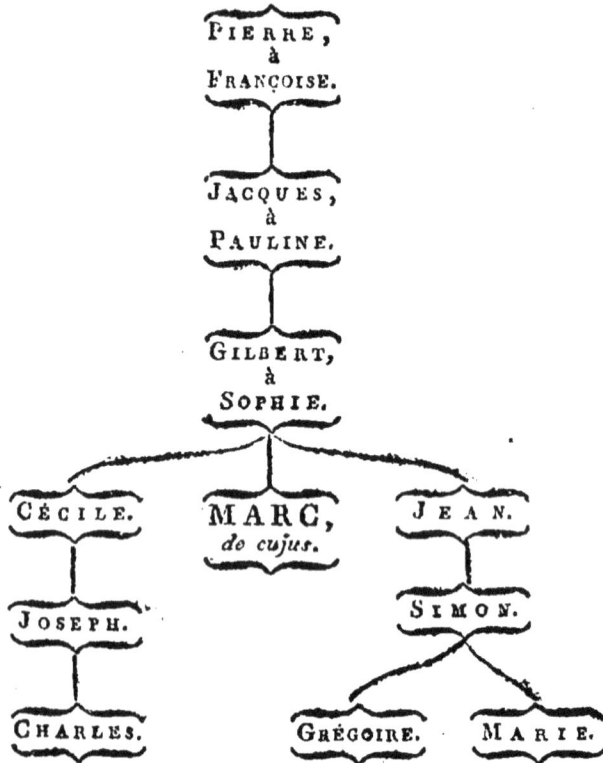

La succession de Marc ne peut appartenir ni à Pierre et Françoise, ses bisaïeux, ni à Jacques et Pauline, ses aïeux : tous ces ascendans seront exclus par Jean et Cécile, frère et sœur défunt, et même

par Joseph et Charles, enfans et descendans de Cécile,
ainsi que par Simon, Grégoire et Marie, enfans et descendans de Jean.

Mais si Gilbert et Sophie avaient survécu à Marc
leur fils, ils ne seraient exclus ni par les frères et sœurs,
ni par les descendans de ces frères et sœurs; le partage s'opérerait conformément à l'art. 748 ci-après.

2. Lorsque que le défunt n'a laissé ni postérité, ni
frère, ni sœur, ni descendans d'eux, alors la succession est déférée aux ascendans, à quelques degrés qu'ils
se trouvent, et ils excluent tous les parens collatéraux,
même ceux qui seraient plus proches en degrés.

En ce cas, la succession se divise par moitié entre
les ascendans de la ligne paternelle, et les ascendans
de la ligne maternelle, suivant la règle établie par
l'art. 733.

Mais cet article, après avoir disposé que toute succession, échue aux ascendans ou collatéraux, se divise
par moitié entre les parens paternels et les parens maternels, ajoute qu'il ne se fait aucune dévolution d'une
ligne à l'autre que lorsqu'il ne se trouve aucun parent
de l'une des deux lignes, et il en résulte que,
dans les cas où il n'y a d'ascendans que dans une ligne
seulement, ces ascendans ne prennent que la moitié
attribuée à leur ligne, à moins qu'à défaut de parens collatéraux dans l'autre ligne, il n'y ait lieu à dévolution;
mais si, dans l'autre ligne, il y a des parens collatéraux, ce sont eux qui prennent l'autre moitié de la suc-
sion, à l'exclusion des ascendans, qui ne peuvent succéder et prendre que dans la ligne dont ils sont issus.
On verra cette distinction textuellement écrite dans
l'article 753.

EXEMPLE.

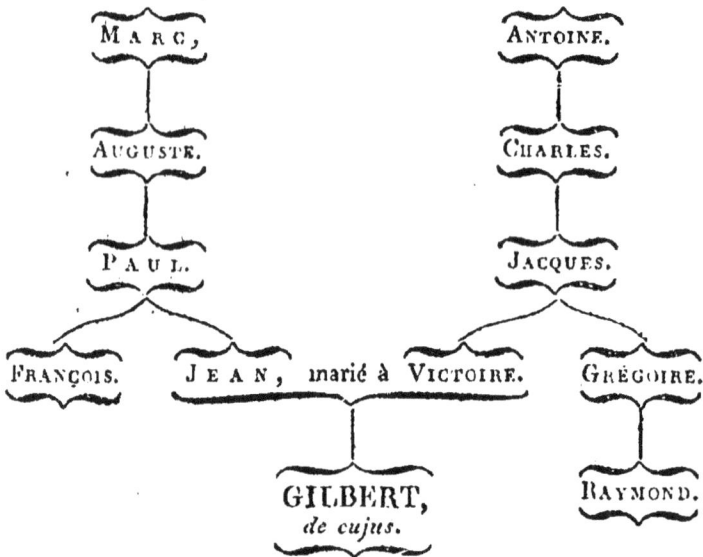

```
  MARC,                          ANTOINE.
    |                               |
 AUGUSTE.                        CHARLES.
    |                               |
  PAUL.                          JACQUES.
```

FRANÇOIS.   JEAN, marié à VICTOIRE.   GRÉGOIRE.

GILBERT, *de cujus.*   RAYMOND.

Gilbert est décédé sans postérité, ni frère, ni sœur, ni descendans d'eux, ne laissant d'autres ascendans que Marc, son trisaïeul paternel, et Antoine, son trisaïeul maternel. Sa succession appartiendra entièrement à Marc et à Antoine, à l'exclusion de Grégoire et de François, oncles du défunt, quoique Marc et Antoine ne soient parens de Gilbert qu'au quatrième degré, et que Grégoire et François soient parens au troisième; mais Grégoire et François ne sont pas frères du défunt, ni descendans de ses frères ou sœurs, et l'on a vu que les ascendans du défunt excluent tous les parens collatéraux qui ne sont ni ses frères ou sœurs, ni descendans de ses frères ou sœurs.

Grégoire et François, ainsi que tous leurs descendans, seraient pareillement exclus par Auguste, et Charles, Paul et Jacques, Jean et Victoire, autre ascendans du défunt.

Supposons maintenant que Gilbert n'ait laissé d'autre

ascendant que Paul, son aïeul paternel. Celui-ci sera
bien appelé à la succession et exclura François ; mais
il ne sera appelé que pour la moitié des biens attribuée à la ligne paternelle dont il est issu, et n'aura
pas l'autre moitié, qui appartient à la ligne maternelle
à laquelle il est étranger, et dans laquelle il se trouve
des parens collatéraux. Cette moitié, qui appartient à
la ligne maternelle, suivant l'art. 733, sera déférée à
Grégoire, à son défaut, à Raymond, et ce ne serait
que dans le cas où il ne se trouverait dans la ligne
maternelle aucun parent au degré successible, que la
dévolution ayant lieu au profit de la ligne paternelle,
Paul se trouverait appelé à recueillir la succession
entière.

Marc, Auguste et Jean n'auraient pas plus de droits
que Paul, et il en serait de même pour l'autre ligne,
la division entre les deux lignes devant toujours avoir
lieu en matière de succession échue à des ascendans, ou
à des collatéraux, tant qu'il y a des parens successibles
dans l'une et l'autre ligne.

3. Pour savoir maintenant de quelle manière les
ascendans succèdent entre entre eux, il faut observer,

1° Que, suivant l'article 741 et la seconde disposition de l'article 746, c'est, dans chaque ligne, l'ascendant le plus proche du défunt qui succède seul, à
l'exclusion de tous autres ascendans plus éloignés.

2° Que, suivant l'art. 733, l'ascendant le plus proche
dans sa ligne n'est pas exclu de la moitié qui appartient à cette ligne, par l'ascendant d'une autre ligne,
qui est plus proche du défunt, attendu que les deux
lignes n'ont rien de commun, et que le partage par
moitié s'opère toujours entre elles, sans confusion.

3° Que, si, dans une même ligne, il y a plusieurs
ascendans au même degré, ils succèdent conjointement
et partagent, par têtes, la portion qui appartient à cette
ligne, suivant le dernier paragraphe de l'art. 746.

EXEMPLE.

Bisaïeul paternel.
Bisaïeule paternelle.

Aïeul paternel.
Aïeule paternelle.

Aïeul maternel.
Aïeule maternelle.

Oncle.   Père.   Mère.

LOUIS.

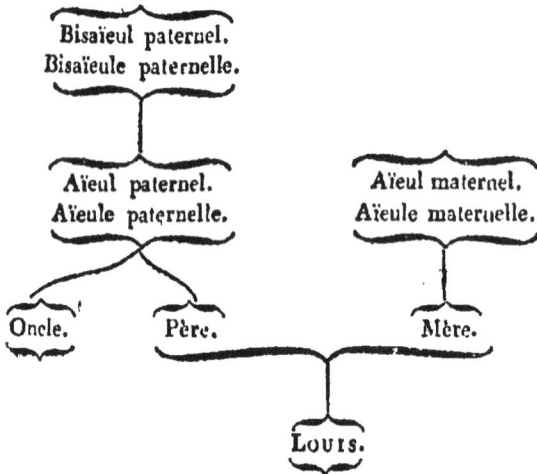

La succession de Louis, qui est décédé après ses père
et mère, ne laissant ni postérité, ni frères, ni sœurs,
ni descendans d'eux, sera déférée, pour moitié, à son
aïeul et à son aïeule de la ligne paternelle, et, pour
l'autre moitié, à son aïeul et à son aïeule de la ligne
maternelle.

L'aïeul et l'aïeule de chaque ligne partageront par tête
la moitié qui leur est attribuée.

Le bisaïeul et la bisaïeule paternels seront exclus par
l'aïeul et l'aïeule de la même ligne : il en serait de même
à l'égard du bisaïeul et de la bisaïeule maternels qui
seraient pareillement exclus par l'aïeul et l'aïeule de
la ligne maternelle.

Si, dans une des lignes, il n'y avait qu'un aïeul, et
que l'autre fût décédé avant Louis, l'aïeul, ou l'aïeule
qui survivrait, aurait seul la moitié affectée à sa ligne,
attendu que les lignes ne se confondent pas.

Dans le cas où l'aïeul et l'aïeule paternels seraient
décédés l'un et l'autre avant Louis, la moitié de la succession appartiendrait au bisaïeul et à la bisaïeule de

la même ligne, ou à celui d'entre eux qui survivrait, et ils ne seraient pas exclus par l'aïeul et l'aïeule maternels qui se trouveraient cependant à un degré plus proche du défunt.

Enfin, si la mère avait survécu à son fils, elle ne prendrait toujours, dans sa succession, que la moitié attribuée à la ligne maternelle. Elle exclurait bien de cette moitié l'aïeul et l'aïeule maternelle, parce qu'elle est plus proche dans cette ligne; mais elle n'exclurait, dans l'autre ligne, ni l'aïeul et l'aïeule paternels, ni même le bisaïeul et la bisaïeule et tous autres ascendans encore plus éloignés.

ARTICLE 747.

Les ascendans succèdent, à l'exclusion de tous autres, aux choses par eux données à leurs enfans ou descendans décédés sans postérité, lorsque les objets donnés se retrouvent en nature dans la succession.

Si les objets ont été aliénés, les ascendans recueillent le prix qui peut en être dû. Ils succèdent aussi à l'action en reprise que pouvait avoir le donataire.

1. Pour développer cet article, nous examinerons à quel titre et à quelles charges les ascendans reprennent ce qu'ils avaient donné, quelles sont les choses qu'ils reprennent, et dans quels cas ils reprennent.

2. Dans les pays de droit écrit, c'était par droit de réversion, et non par voie de succession, que les ascendans rentraient dans la propriété des choses qu'ils avaient données; ils reprenaient donc, sans être héritiers de ceux auxquels ils avaient donné.

Suivant l'article 747 que nous discutons, c'est, au

contraire, par voie de succession, et non point à titre
de réversion, que les ascendans reprennent. L'article
dit expressément que les ascendans *succèdent* aux
choses par eux données ; c'est donc en qualité d'*héritiers* qu'ils rentrent dans la propriété des objets qu'ils
avaient donnés ; ils sont donc réellement héritiers de
la personne dans la succession de laquelle se trouvent
ces objets, lorsqu'ils usent du droit de les reprendre.

3. Il en résulte 1° qu'ils sont tenus des dettes de
cette succession, comme les héritiers des autres biens,
pro modo emolumenti, suivant la règle établie dans
l'art. 870.

2° Que, si les autres biens de la succession n'étaient
pas suffisans pour acquitter le surplus des dettes et
charges, les ascendans seraient obligés à l'acquit de
l'excédant, mais seulement jusqu'à concurrence de la
valeur des choses qu'ils auraient reprises, sauf leur
recours contre les autres héritiers, et même, que,
pour n'être pas tenus au-delà, il faudrait qu'il eussent
fait procéder à un inventaire constatant la valeur du
mobilier qu'ils auraient recueilli.

3° Que, dans tous les cas, ils sont, en outre, tenus d'acquitter entièrement les dettes et charges qui
se trouvent hypothéquées sur les choses qu'ils reprennent, sauf aussi leur recours contre les autres héritiers, pour l'excédant de leur portion virile.

4. Il résulte encore de la qualité d'héritier, en vertu
de laquelle l'ascendant reprend les biens par lui donnés, qu'il est tenu de tous les engagemens contractés
sur ces biens par le donataire ; il ne peut donc réclamer
les biens en nature, lorsque le donataire en a disposé
valablement, soit à titre onéreux, soit même à titre
gratuit, et il doit souffrir les hypothèques que le donataire a légalement consenties.

Il ne peut même réclamer la valeur de ces biens
contre la succession, puisqu'il n'est admis, par l'art.

747 ; à succéder aux choses par lui données que lorsqu'elles se trouvent en nature dans la succession.

Cependant si les objets ont été aliénés, il recueille
le prix *qui peut en être dû*, et il succède aussi à
l'action en reprise que pouvait avoir le donataire contre
son conjoint.

Mais lorsqu'à l'époque de la mort du donataire, le
prix de l'aliénation des objets s'est trouvé *entièrement*
payé, et que le donataire n'avait aucune action en reprise à exercer, l'ascendant donateur n'a rien à réclamer. L'article 747 ne lui attribue aucune action en
indemnité contre la succession, et l'admet *seulement* à succéder aux objets qui se trouvent en nature, ou à ce qui reste dû sur le prix, et à l'action
en reprise que pouvait avoir le donataire.

Si le législateur avait voulu accorder d'autres droits
à l'ascendant donateur, il les aurait également énoncés.
Inclusio unius est exclusio alterius.

Le donataire n'était pas un simple usufruitier des
choses données : il en était propriétaire, il a pu en
disposer, et lorsqu'il ne s'en trouve plus rien dans sa
succession, il n'y a pas matière à réversion.

5. Il serait inutile de faire observer que ces expressions générales de l'article : *choses par eux données*,
s'appliquent tant aux meubles qu'aux immeubles, et
à toutes espèces de donations, même à celles faites
hors contrats de mariage, s'il n'y avait pas eu des
variations et des difficultés sur ces deux points dans
un grand nombre de coutumes ; l'article comprend
tout, puisqu'il n'excepte rien.

Ainsi, le père reprend, dans la succession de son
fils décédé sans postérité, la dot qu'il lui avait donnée,
soit en argent, soit en effets mobiliers, soit en immeubles.

6. Nous allons maintenant examiner quels sont les divers cas où les ascendans sont admis à succéder aux choses par eux données.

1° Il n'est pas nécessaire que les ascendans soient héritiers aux termes de l'article 746, pour être admis à succéder aux choses par eux données, c'est-à-dire, que, lors même qu'ils seraient exclus de la succession en masse, ou par les frères et sœurs du défunt, ou par les descendans de ces frères et sœurs, ou par des ascendans plus proches, ils succéderaient néanmoins particulièrement aux choses qu'ils ont données, et leur succéderaient seuls, à l'exclusion des autres héritiers, quoique plus prochains : c'est une succession particulière qui leur est attribuée par droit de retour, et qui sort des règles de la succession ordinaire.

Par la même raison, quand ils se trouveraient, aux termes de l'art. 746, héritiers du défunt conjointement avec d'autres parens, ils prendraient encore, outre la portion qui leur serait attribuée par la loi dans la masse de la succession, toutes les choses par eux données au défunt ou à ses ascendans : ces choses ne tomberaient point dans la masse, pour être partagées avec les autres cohéritiers : eux seuls y auraient droit, et en feraient le prélèvement, parce que la loi ne les attribue qu'à eux seuls : c'est un droit qui leur est personnel, et qui ne peut être confondu avec les autres droits de l'hérédité.

Les ascendans, dit expressément l'article 747, succèdent, *à l'exclusion de tous autres*, aux choses par eux données, et il est évident que, s'ils ne prenaient pas *hors part* ces choses par eux données, s'ils étaient obligés de les confondre dans la masse de l'hérédité, ils n'y succéderaient pas à l'exclusion de tous autres, puisque les autres héritiers y prendraient également part.

Ainsi, que les ascendans donateurs soient, ou non,

appelés à la succession des autres biens, ils ont seuls le droit de reprendre ce qu'ils ont donné.

2° L'ascendant ne peut reprendre ce qu'il a donné à son enfant ou descendant, que lorsque le donataire est décédé *sans postérité*, avant lui.

Cette disposition, qui était également admise dans le droit écrit et dans les coutumes, est fondée sur ce que l'ascendant est censé avoir donné, non pas seulement au descendant au profit duquel la donation est consentie, mais encore à toute la postérité du donataire, et conséquemment qu'il ne doit pas avoir la faculté de reprendre, lorsque le donataire laisse des descendans.

Mais, si les enfans ou descendans du donataire, renoncent à sa succession, ou n'ont pas les qualités requises pour lui succéder, alors le donateur reprend son droit. Ces enfans et descendans sont alors considérés comme n'existant pas, et il est juste que le donateur exclue les autres parens.

3° L'ascendant donateur exclut de la succession aux choses données, tous autres ascendans du donataire, quand ils seraient plus proches que lui, et même le père et la mère, quoique le père et la mère l'excluent de la masse de la succession.

Ainsi l'aïeul qui a donné à son petit-fils, lequel décède ensuite sans postérité, succède seul aux choses qu'il avait données : il succède à l'exclusion de son fils, qui était le père du donataire, parce que ce n'était pas à son fils qu'il avait donné.

Il ne serait pas, en effet, toujours vrai de dire, d'après la loi *dotem* 6, *ff. de collat. bon*, que l'aïeul n'a donné à son petit-fils que par amour de son fils. Il suffit d'ailleurs qu'il n'ait donné qu'au petit-fils, et n'ait pas donné à son fils, pour qu'il ait le droit de reprendre après la mort du petit-fils décédé sans postérité, sans que le fils puisse se prévaloir d'une donation qui n'a pas été faite pour lui.

Aussi, l'art. 747 dit expressément que les ascendans succèdent aux choses qu'ils ont données à leurs enfans, ou *descendans*, décédés sans postérité; ce qui annonce assez clairement que, s'ils ont donné à des descendans autres que leurs enfans, ils peuvent reprendre après la mort de ces descendans donataires décédés sans postérité.

4° La réversion doit-elle avoir lieu en faveur de l'ascendant donateur, lorsqu'après la mort du donataire, les enfans ou descendans de ce donataire qui faisaient obstacle à la réversion, meurent sans postérité avant le donateur?

Il ne peut y avoir de difficulté à l'égard des donations que les ascendans ont faites, *par contrats de mariage,* de tout ou de partie des biens *qu'ils laisseraient au jour de leur décès*, soit au profit des époux et des enfans à naître de leur mariage, soit au profit des époux seulement. L'article 1089, au IIIe livre du Code Civil, dit précisément que ces donations deviendront caduques, si le donateur survit à l'époux donataire et à sa postérité; l'ascendant reprend donc, en ce cas, après la mort des descendans du donataire décédés sans postérité, tous les biens qu'il avait donnés.

Mais l'article 1089 ne parle que des donations faites par contrats de mariage, et qui ne comprennent que tout ou partie des biens que le donateur laissera lors de son décès.

Cet article doit-il s'appliquer également, et aux donations *entre-vifs* faites par contrat de mariage, et à toute espèce de donations faites hors contrat de mariage? En un mot, l'ascendant doit-il, dans tous les

8

cas, lorsqu'il survit et au donataire et aux descendans du donataire décédés sans postérité, succéder aux choses par lui données, à l'exclusion de tous autres parens et héritiers des descendans du donataire?

Cette question avait toujours été très-controversée, et divers parlemens l'avaient jugée d'une manière différente.

Lebrun, dans son *Traité des Successions, liv.* 1, *chap.* 5, *sect.* 2, *n*os 3o *et suivans*, était d'avis que la réversion devait avoir lieu au profit de l'ascendant donateur, et il cite un grand nombre d'arrêts qui l'ont ainsi jugé, soit pour les pays de droit écrit, soit pour les pays coutumiers.

C'était aussi l'avis de Pothier, de Bourjon, de Domat, de Derenusson, de Cambolas, et de beaucoup d'autres jurisconsultes.

L'article 747 que nous examinons contient une disposition contraire.

Suivant la disposition précise de cet article, les ascendans succèdent aux choses par eux données à leurs enfans, ou descendans, décédés sans postérité; il faut donc pour que l'ascendant succède, 1º que l'enfant ou descendant auquel il a donné soit décédé; 2º que l'enfant ou descendant auquel il a donné soit décédé sans postérité. Ces deux conditions étant exigées conjointement, il en résulte clairement que l'ascendant est exclu du droit de succession aux choses données, lorsque l'enfant ou descendant donataire laisse en mourant des descendans.

L'ascendant qui a donné à son fils, n'étant pas réellement donateur à l'égard de son petit-fils, on ne pourrait pas dire, s'il reprenait après la mort de son petit-fils, qu'il succéderait aux choses par lui données à son enfant, ou descendant, décédé sans postérité; ce n'est donc évidemment qu'au cas où le descendant même auquel il a été donné, est mort sans postérité, que peut s'appliquer la disposition de l'art. 747.

La loi n'ayant pas prévu le cas où les descendans du donataire viendraient ensuite à mourir sans postérité avant l'ascendant donateur, elle est censée avoir voulu laisser ce cas dans la règle générale, et, suivant cette règle, les descendans du donataire ayant trouvé dans sa succession les biens donnés par l'ascendant, et en ayant été saisis, ces biens doivent appartenir à leurs propres héritiers.

Il suffit que le Code Civil n'ait accordé que dans un cas le droit de succession aux choses données, pour qu'on ne puisse étendre ce droit à un autre cas, même par analogie.

C'est ici un droit particulier, c'est une exception aux règles ordinaires en matière de succession, et toute exception doit être restreinte aux cas pour lesquels elle est stipulée.

Si l'ascendant donateur veut que les biens lui retournent après le décès des descendans du donataire, il peut se réserver expressément, en ce cas, le droit de reprendre; il y est autorisé par l'article 951, au titre des Donations et Testamens; mais, ce n'est là qu'un retour conventionnel, et, s'il n'est pas expressément réservé, la loi ne l'accorde pas.

5° Lorsque des enfans ne sont pas nés du mariage pour lequel a été fait le don, mais qu'ils sont issus d'un mariage précédent, peuvent-ils empêcher la réversion au profit de l'ascendant donateur?

Un père marie sa fille; elle a deux enfans de ce mariage, et son mari décède ensuite : elle passe à de nouvelles noces, et, à cette époque, le père lui fait un don avec mention expresse que c'est *en faveur du futur mariage*. Elle meurt sans laisser d'enfans du second lit.

On demande si le don fait par le père en faveur du second mariage, lui retournera après le décès de sa fille, ou si le don appartiendra aux enfans du premier lit, comme descendans de la donataire.

Un arrêt du parlement de Toulouse avait jugé en faveur de la réversion; mais il y avait des arrêts contraires.

Lebrun était d'avis que les choses données à la fille appartenaient également aux enfans de l'un et de l'autre mariage, parce que tous ces enfans étaient également héritiers de leur mère.

Il ne peut plus aujourd'hui y avoir de difficulté, puisque l'article 747 dit généralement que l'ascendant ne succède que lorsque le donataire et ses descendans sont décédés sans postérité. L'article ne distinguant pas de quel mariage est issue cette postérité, il suffit qu'il existe des descendans du donataire pour que la réversion n'ait pas lieu.

6° L'art. 747 dit que l'ascendant succède aux choses par lui données, *lorsqu'elles se trouvent en nature dans la succession*. Faut-il conclure de ces dernières expressions, qui à la vérité semblent générales, que, si le donataire avait disposé des biens donnés, et que ces biens lui fussent ensuite revenus, ou à ses enfans, par succession ou par donation, ils appartiendraient à l'ascendant, le cas de réversion ayant lieu, parce qu'ils se trouveraient en nature dans la succession du donataire ou de ses enfans?

Supposons, par exemple, que le donataire ait vendu à un de ses parens les biens qu'il avait reçus de son aïeul, et que ce parent, étant mort sans postérité, ait eu pour héritier le donataire lui même. Au décès du donataire, l'ascendant pourra-t-il réclamer les choses qu'il avait données, sous le prétexte qu'elles se trouvent en nature dans la succession?

Mais, le donataire a pu disposer, à son gré, des biens qu'il avait reçus; et, dès l'instant qu'ils sont sortis de ses mains, le donateur a perdu le droit de les reprendre.

Ce n'était plus comme donataire de l'ascendant que le petit-fils possédait les biens : c'était comme héritier du parent qui les avait acquis; ces biens avaient donc perdu la qualité de biens donnés : ils étaient devenus propres au donataire, et ils n'ont pu reprendre dans sa succession une qualité qu'ils avaient perdue. Après, comme avant sa mort, ils doivent toujours être considérés, et sont toujours réellement, à son égard, des biens qui lui sont venus par succession, et non pas des biens donnés.

Si le donataire n'avait pas été héritier du parent acquéreur, l'ascendant donateur aurait perdu tout droit de retour. L'événement de cette succession, qui doit être fort étranger à l'ascendant, ne peut lui rendre un droit qu'il n'avait plus, et l'autoriser à réclamer, comme choses par lui données, des biens qui ne se trouvent, dans la succession de son ascendant, que parce qu'ils sont provenus d'une autre succession dans laquelle il n'a rien à prétendre.

7° Les ascendans donateurs sont les seuls qui jouissent du droit de succéder aux choses par eux données. Aucuns autres parens, en ligne directe ou collatérale, ne reprennent, à titre de succession, les libéralités qu'ils ont faites. La réversion n'a lieu en faveur des uns et des autres qu'autant qu'elle a été stipulée par la donation, suivant l'article 951 du Code, au titre des Donations et Testamens, ou par survenance d'enfans, suivant l'article 960.

8° Le droit de succession aux choses données ne passe pas aux héritiers des ascendans du donateur: l'article 747 ne l'attribue qu'aux ascendans eux-mêmes, puisqu'il exige qu'ils survivent au donataire et à ses descendans.

Il en résulte que , si l'aïeul a donné à son petit-fils , et qu'après la mort de l'aïeul , le petit-fils décède sans postérité , la réversion n'aura pas lieu en faveur du père du donataire.

Lorsque l'aïeul , en dotant son petit-fils , avait déclaré qu'il constituait la dot pour son fils et à sa décharge , les lois 6 *de collationibus ,* et 79 *de jure dotium ,* supposaient que c'était un don que le père avait fait à son fils pour le remettre ensuite à son petit-fils , et que le père n'avait donné au petit-fils que par amour de son fils ; elles accordaient en conséquence la réversion au fils , et ne la refusaient que dans le cas où la donation avait été faite purement et simplement.

Mais Lebrun et Charles Dumoulin étaient d'avis que la réversion ne devait avoir lieu en faveur du fils , ni dans l'un ni dans l'autre cas , et leur opinion se trouve consacrée par la disposition de l'art. 747, qui n'accorde la réversion , à titre de succession , qu'à l'ascendant du donateur.

En effet , il est certain , dans l'hypothèse , que le père n'est réellement ni donateur ni donataire : le don provient de l'aïeul , qui peut avoir donné au petit-fils , par tendresse pour ce petit-fils lui - même , quoiqu'il ait voulu donner pour son fils et à sa décharge : le fils n'a rien donné de son propre chef , et conséquemment ne doit pas avoir le droit de reprendre ce qui ne lui a jamais appartenu.

Il en serait autrement, si le père avait d'abord donné au fils , et qu'ensuite le fils eût donné au petit-fils. Ce serait, en ce cas, le fils qui reprendrait après la mort du petit-fils , et le père ne pourrait reprendre qu'après la mort du fils , les choses ne pouvant revenir au père, premier donateur, qu'après le décès de celui auquel il a donné lui-même.

9° L'ascendant donateur qui se trouve, aux termes de l'art. 746, héritier, en totalité ou en partie, du descendant donataire qui meurt sans postérité, peut-il renoncer à cette succession, et n'accepter que la succession aux choses qu'il avait données?

On tenait pour principe constant qu'une personne à laquelle étaient dévolues dans la même hérédité deux espèces de successions différentes, pouvait en accepter une et répudier l'autre.

Or, suivant tous les auteurs, le droit de réversion formait une succession *séparée*, et rendait la personne qui l'exerçait héritière *in re singulari*.

Il était donc admis que l'ascendant donateur pouvait accepter la succession à titre singulier pour les choses qu'il avait données, et ne pas accepter la succession pour les autres biens : c'étaient deux successions distinctes qu'il pouvait prendre avec des qualités qui n'avaient rien de commun, et qu'il avait conséquemment le droit de diviser.

Poulain Duparc rapporte un arrêt rendu par le parlement de Bretagne le 28 juillet 1744, qui l'a ainsi jugé.

Le Code Civil n'a rien changé à ces principes.

10° Nous n'avons parlé que du retour *légal*, c'est-à-dire du droit que la loi accorde à l'ascendant donateur de *succéder* aux choses par lui données.

Le retour *conventionnel* est soumis à d'autres règles ; mais, comme il dépend de la convention, qu'il résulte d'une condition écrite dans la donation, et que d'ailleurs il ne confère pas *le droit de succession*, ce n'est pas au titre des Successions, mais au titre des Donations, qu'il faut en parler.

ARTICLE 748.

Lorsque les père et mère d'une personne morte sans postérité lui ont survécu, si elle a laissé des frères, sœurs, ou des descendans d'eux, la succession se divise en deux portions égales, dont moitié seulement est déférée au père et à la mère, qui la partagent entre eux également.

L'autre moitié appartient aux frères, sœurs ou descendans d'eux, ainsi qu'il sera expliqué dans la *section V du présent chapitre.*

Suivant la novelle 118, lorsque le défunt, mort sans postérité, avait laissé des père et mère et des frères, sa succession se partageait par tête, et les père et mère, ainsi que les frères, prenaient chacun une portion égale.

Lors donc qu'il y avait trois frères, le père et la mère n'avaient chacun que la cinquième portion des biens de la succession, et les trois autres cinquièmes appartenaient aux frères.

L'article 748 du Code Civil défère au père et à la mère la moitié de la succession, quel que soit le nombre des frères ou sœurs, ou des descendans d'eux.

Ainsi trois frères et sœurs, ou leurs descendans, n'ont entre eux tous que la moitié des biens du défunt, s'il a laissé son père et sa mère.

Mais aussi, quand il n'y aurait qu'un frère, il aurait, pour lui seul, la moitié, et les père et mère ne pourraient réclamer que l'autre moitié, au lieu que, suivant la novelle 118, chacun d'eux aurait eu le tiers.

La moitié déférée au père et à la mère se partage entre eux également : il n'appartient à chacun d'eux que le quart de la succession entière.

Il peut paraître étonnant, au premier coup d'œil, que tous les neveux et petits-neveux du défunt viennent en concours avec ses père et mère, et il semblerait naturel que ceux-ci, étant plus proches en degré, obtinssent la préférence sur des descendans d'un frère qui se trouvent très-éloignés.

Mais ce concours est une conséquence nécessaire du système de représentation qui, en ligne collatérale, s'étend à tous les descendans des frères et sœurs du défunt.

Par le bénéfice de la représentation, tous ces descendans, quelque éloignés qu'ils soient, montent au degré des frères et sœurs, prennent leur place et jouissent de leurs droits ; ils doivent donc, comme les frères et sœurs, concourir avec le père et avec la mère.

EXEMPLE.

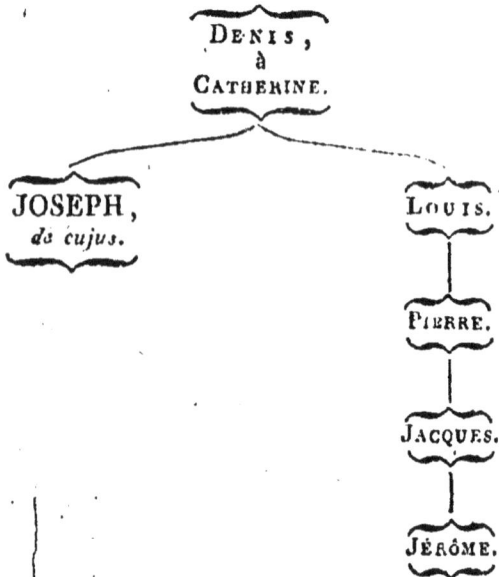

La succession de Joseph, décédé sans postérité, appartiendra, pour moitié, à Denis et à Catherine ses père et mère, et, pour l'autre moitié, à Louis son frère; et, si Louis, Pierre et Jacques étaient prédécédés, Jérôme, qui n'est cependant qu'un arrière petit-neveu de Joseph, aurait également la moitié, parce qu'il représente son bisaïeul, et qu'en prenant sa place, il prend aussi tous ses droits.

Si Joseph avait laissé plusieurs frères, tous, quel que fût leur nombre, n'auraient ensemble que la moitié de la succession, et il en serait de même à l'égard de leurs descendans.

En un mot, la portion des père et mère est, dans tous les cas, fixée à la moitié, lorsqu'il y a des frères, ou sœurs, ou descendans d'eux.

ARTICLE 749.

Dans le cas où la personne morte sans postérité laisse des frères, sœurs, ou des descendans d'eux, si le père ou la mère est prédécédé, la portion qui lui aurait été dévolue, conformément au précédent article, se réunit à la moitié déférée aux frères, sœurs, ou à leurs représentans, ainsi qu'il sera expliqué à la *section V du présent chapitre.*

On a vu, dans l'article précédent, que le père et la mère du défunt, lorsqu'ils viennent en concours avec des frères ou sœurs, ou descendans d'eux, ont chacun le quart de la succession de leur enfant décédé sans postérité; mais, si l'un d'eux était mort avant son enfant, à qui devrait appartenir le quart qui lui aurait été déféré, s'il eût survécu?

Le survivant des père et mère ne pourra réclamer

la portion du prédécédé qu'en le représentant ; mais la représentation n'est pas admise en ligne directe ascendante ; et d'ailleurs le survivant, n'étant pas de la même ligne que le prédécédé, ne peut profiter de sa part, s'il y a, dans cette ligne, des parens au degré successible, l'art. 733 n'accordant la dévolution d'une ligne à l'autre que lorsqu'il n'y a pas d'ascendant ou de collatéral dans l'une des deux lignes.

La portion qui aurait appartenu au prédécédé, ne peut donc accroître au survivant : elle est, en ce cas, dévolue aux frères ou sœurs du défunt, ou à leurs descendans, qui excluent, suivant l'art. 746, tous les autres ascendans.

Ainsi le frère qui vient en concours avec le père, ou avec la mère, seulement, a les trois quarts de la succession, et ce droit appartient par le bénéfice de la représentation au neveu, et même à l'arrière-petit-neveu existant lors de la succession ; il exclut tous autres ascendans dans la ligne de celui des père et mère qui était prédécédé.

EXEMPLE.

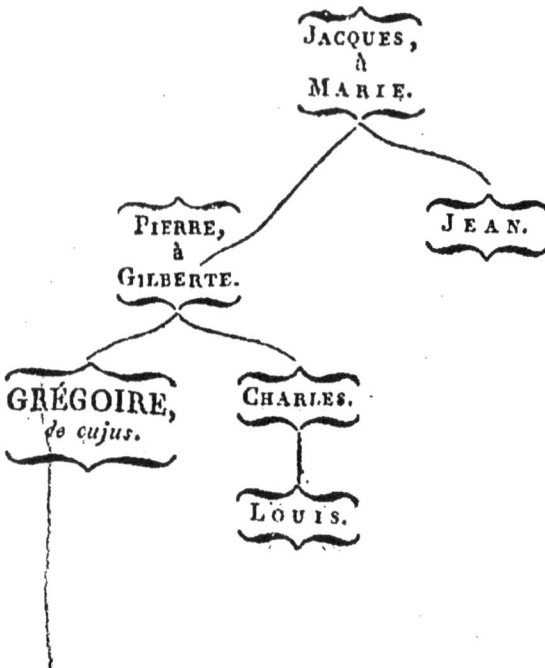

Grégoire est mort sans postérité après Gilberte sa mère ; le quart de sa succession appartiendra à Pierre son père, et les trois autres quarts appartiendront à Louis son neveu, si Charles était prédécédé.

Le quart qui aurait appartenu à Gilberte, si elle avait survécu à Grégoire son fils, ne peut être déféré à Jacques et à Marie ses père et mère, 1° parce que ces père et mère ne peuvent représenter leur fille, la représentation n'ayant pas lieu en ligne directe ascendante ; 2° parce que, suivant l'article 746, tous autres ascendans que les père et mère du défunt sont exclus par les frères et sœurs du défunt, et par les ascendans de ces frères et sœurs.

Jean ne peut pas, non plus, profiter de la portion qui aurait appartenu à Gilberte sa sœur, parce qu'il n'est pas dans les termes de représentation avec le défunt dont il s'agit de partager la succession, et que, ne se trouvant parent de Grégoire qu'au troisième degré, il est exclu par Louis qui, en représentant son père, se trouve au second degré.

SECTION V.

Des Successions collatérales.

ARTICLE 750.

En cas de prédécès des père et mère d'une personne morte sans postérité, ses frères, sœurs, ou leurs descendans, sont appelés à la succession, à l'exclusion des ascendans et des autres collatéraux.

Ils succèdent, ou de leur chef, ou par représentation, ainsi qu'il a été réglé dans la *section II du présent chapitre*.

1. La disposition de cet article, qui porte qu'en cas de prédécès des père et mère d'une personne morte sans postérité, ses frères, sœurs, ou leurs descendans sont appelés à l'exclusion *des ascendans*, est une conséquence, ou plutôt une répétition de l'art. 746, qui n'admet les ascendans à succéder seuls que lorsque le défunt n'a laissé ni postérité, ni frère ni sœur, ni descendans d'eux, et de l'art. 748, qui n'admet que les père et mère du défunt à concourir avec les frères et sœurs, ou descendans d'eux.

Ainsi le plus éloigné des descendans d'un frère ou d'une sœur du défunt, s'il n'est pas au-delà du douzième degré, exclut l'aïeul, le bisaïeul et le trisaïeul du défunt; et la raison que nous en avons donnée, c'est que l'aïeul ne pourrait venir à la succession du petit-fils que par représentation de son fils, et que la représentation n'a pas lieu en ligne directe ascendante, au lieu qu'en ligne collatérale elle s'étend à tous les descendans des frères et sœurs du défunt.

2. La disposition de l'article 750, qui porte que les frères et sœurs du défunt, ou leurs descendans, sont appelés à l'exclusion des *autres collatéraux*, est fondée sur cette règle, puisée dans la nature et dans l'ordre des affections humaines, qu'en ligne collatérale les parens qui sont les plus proches du défunt, soit de leur chef, soit par représentation, doivent exclure les parens qui se trouvent à des degrés plus éloignés. Les frères et sœurs du défunt sont, en effet, ses parens les plus proches, en ligne collatérale, et comme la représentation n'est admise, dans cette ligne, qu'en faveur des descendans des frères et sœurs du défunt, il en résulte que tous ces descendans doivent, comme les frères et sœurs eux-mêmes, exclure tous autres parens collatéraux, puisqu'ils montent, par le bénéfice de la représentation, à un degré plus prochain que tous les autres parens qui, se trouvant, de *leur chef*, à des de-

grés plus éloignés, ne peuvent, d'ailleurs, jouir du droit de représentation.

· Ainsi l'oncle du défunt est exclu par un arrière petit-neveu descendu d'un frère ou d'une sœur du défunt, quoiqu'il soit de son chef à un degré plus prochain; mais, n'étant pas admis à représenter, il reste à son degré, au lieu que l'arrière petit-neveu, usant de la représentation, monte au degré du frère ou de la sœur qui est plus proche que celui de l'oncle.

3. Il s'est élevé, sur cet article 750, une question importante : elle consiste à savoir si, lorsque le défunt n'a laissé *ni père ni mère*, ni frères ou sœurs germains, ni descendans d'eux, les frères ou sœurs qui sont seulement *utérins* ou *consanguins*, prennent, ainsi que leurs descendans, la totalité de la succession, à l'exclusion des autres collatéraux de la ligne à laquelle ils sont étrangers, ou bien s'ils ne prennent que la moitié attribuée à la ligne dont ils sont issus, en excluant seulement les autres parens collatéraux de la même ligne; de sorte qu'en ce cas l'autre moitié de la succession serait dévolue aux parens collatéraux de l'autre ligne.

EXEMPLE.

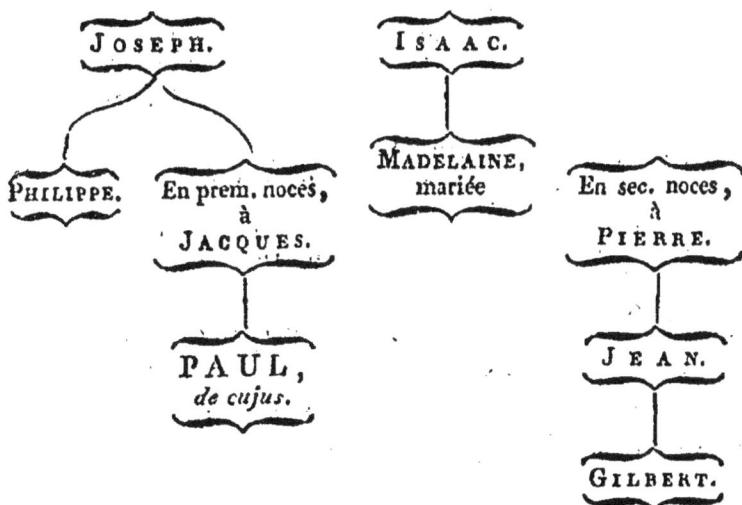

JOSEPH.   ISAAC.

PHILIPPE.   En prem. noces, à JACQUES.   MADELAINE, mariée   En sec. noces, à PIERRE.

PAUL, *de cujus*.   JEAN.

GILBERT.

Paul est décédé, sans laisser de postérité, *ni père ni mère*, ni frères ou sœurs germains, ni descendans d'eux : son plus proche parent dans la ligne maternelle est Jean son frère utérin : dans la ligne paternelle se trouve Philippe son oncle.

On demande si Jean, frère utérin, prendra la totalité de la succession de Paul, ou s'il n'aura que la moitié qui est déférée à la ligne maternelle, et si l'autre moitié appartiendra à la ligne paternelle à laquelle il est étranger, de sorte que la succession serait divisée en deux parts égales entre Philippe et lui.

On a cru avoir trouvé la solution de cette question dans la dernière partie de l'art. 752 qui porte que, *s'il n'y a de frères, ou sœurs, que d'un côté, ils succèdent à l'exclusion de tous autres parens de l'autre ligne*, et il est vrai qu'en considérant isolément cette dernière partie de l'article, en la détachant des autres parties qui la précèdent, elle s'applique au cas où le défunt n'a laissé ni père ni mère, comme au cas où il a laissé l'un et l'autre, ou l'un d'eux seulement.

Mais en lisant avec attention l'art. 752 tout entier, on est bientôt convaincu que sa dernière partie ne s'applique qu'au second cas, et ne s'applique point au premier cas qui est celui que nous discutons en ce moment.

En effet, après l'art. 751 qui attribue la moitié de la succession aux frères et sœurs du défunt, lorsqu'ils se trouvent en concours avec les père et mère survivans, et leur attribue les trois quarts, si le père, ou la mère, étoit prédécédé, l'art. 752 commence par ces mots : *Le partage DE LA MOITIÉ, ou des TROIS QUARTS, dévolus aux frères et sœurs, AUX TERMES DE L'ART. PRÉCÉDENT, s'opère entre eux etc* ; il est donc certain, d'abord, que cette première partie de l'art. 752 ne s'applique qu'au cas où le défunt a laissé ses père et mère, ou l'un d'eux seulement.

Mais les autres parties de l'art. 752 n'ont pour objet que de déterminer les divers modes de partage dans le cas exprimé au commencement de l'article, et il est évident qu'elles se rapportent toutes au même cas.

Lisons l'art. entier : « le partage de la moitié, ou des trois quarts, dévolus aux frères ou sœurs, aux termes de l'art. précédent, s'opère entre eux par égales portions, s'ils sont tous du même lit; s'ils sont de lits différens, la division se fait par moitié entre les deux lignes paternelle et maternelle du défunt; les germains prennent part dans les deux lignes, et les utérins et consanguins chacun dans leur ligne seulement; s'il n'y a de frères ou sœurs que d'un côté, ils succèdent à la totalité, à l'exclusion de tous autres parens de l'autre ligne. »

On voit que, d'abord, le cas du partage n'est posé que pour la moitié, ou les trois quarts, dévolus aux frères ou sœurs, qu'ensuite la première partie de l'art. règle ce partage entre les frères et sœurs *qui sont du même lit*, que la seconde partie le règle entre les frères et sœurs *qui sont de lits différens*, et qu'enfin la troisième partie le règle encore pour la succession où il n'y a de frères ou sœurs *que d'un côté*.

Dans la troisième partie, comme dans la seconde, et comme dans la première, il n'est donc toujours question que du partage de la moitié, ou des trois quarts, dévolus aux frères ou sœurs, conformément à l'art. 751, puisque l'art. 752 n'est composé que d'une seule phrase dont toutes les parties sont liées entre elles, et que les derniers membres se rapportent nécessairement au sujet qui se trouve exposé au commencement de la phrase. La ponctuation suffirait seule pour le démontrer.

Mais s'il ne s'agit dans la troisième partie de l'art. 752,

comme dans les deux autres, que du partage de la moitié ou des trois quarts dévolus aux frères ou sœurs, elle ne s'occupe donc, comme les deux autres, que du cas ou le défunt a laissé ses père et mère, ou l'un d'eux seulement.

On ne peut nier que la première partie ne se rapporte uniquement à ce cas ; et il est évident, par la contexture de l'art. 752, que la seconde et la troisième parties se rapportent au même cas que la première.

Si le législateur, après avoir établi un seul cas dans la première partie, eût voulu que la dernière s'appliquât à tous les cas, il en eût fait un article séparé qu'il aurait rédigé en termes généraux, et ne l'aurait pas accolée à d'autres dispositions qui se trouvent restreintes à un cas particulier. Evidemment, à la place qu'elle occupe, elle n'est qu'un des modes de partage pour le seul cas qui est expliqué dans l'article, et ne peut conséquemment s'étendre à un autre cas.

Ainsi, on a commis une erreur, lorsqu'on s'est servi de la dernière partie de l'art. 752, pour décider la question de savoir si, *lorsque le défunt n'a laissé ni père, ni mère*, ni postérité, ses frères ou sœurs, *même d'un seul côté*, excluent tous autres parens de l'autre ligne. On a décidé un cas par une disposition qui lui est absolument étrangère.

La solution de cette question ne peut se trouver que dans l'art. 750.

L'article commence par ces mots : *en cas de prédécès des père et mère d'une personne morte sans postérité*. C'est bien là le cas que nous examinons.

L'article ajoute : *ses frères, sœurs, ou leurs descendans, sont appelés à la succession, à l'exclusion des ascendans et des autres collatéraux*.

9

Cette disposition décide bien clairement la question proposée, si elle doit s'appliquer aux frères et sœurs d'un seul côté, comme aux frères et sœurs germains.

Mais elle s'explique, à l'égard des frères et sœurs, d'une manière générale et sans exception : elle ne distingue pas entre les frères et sœurs *germains*, et les frères et sœurs *d'un seul côté ;* elle doit donc être également appliquée aux uns et aux autres.

Lorsque la loi parle des frères et sœurs, sans désigner l'espèce de leur fraternité, elle est censée parler de la fraternité en général ; et sa disposition ne se trouvant pas limitée, embrasse la fraternité utérine ou consanguine, comme la fraternité germaine.

Il résulte donc de la disposition de l'art. 750 que, dans le cas où le défunt n'a laissé ni postérité, ni père, ni mère, ni frères, ou sœurs germains, ni descendans d'eux, les frères ou sœurs, d'un seul côté, excluent tous autres parens, et même ceux de la ligne à laquelle ils sont étrangers.

Cependant nous ne devons pas dissimuler que cette question importante est fortement controversée parmi les jurisconsultes, et que déjà elle a excité de vifs débats devant les tribunaux.

L'opinion que nous avons établie sur la disposition de l'article 750, a été combattue par la disposition de l'article 733, qui veut, 1° que toute succession échue à des ascendans, ou a des collatéraux, se divise en deux parts égales, l'une pour les parens de la ligne paternelle et l'autre pour les parens de la ligne maternelle; 2° que les parens germains aient le droit de prendre dans les deux lignes, 3° que les parens utérins, ou consanguins, n'aient le droit de prendre part que dans leur ligne, et qui n'annonce d'exception à cette règle générale, que pour le cas prévu dans l'article 752, de sorte, a-t-on dit, que, si le défunt n'a pas laissé de postérité, *mais a laissé ses père et mère, ou l'un d'eux*, ce qui est le cas prévu par l'article 752, les frères et sœurs, utérins ou consanguins, ont bien le droit de prendre dans les deux lignes, au moyen de l'exception annoncée par l'article 753, mais que *tous les autres cas* se trouvant compris dans la règle générale, puisqu'ils ne sont pas dans l'exception, il en résulte nécessairement que, *si le défunt n'a laissé ni père ni mère*, ce qui n'est plus le cas de l'article 752, les frères et sœurs, utérins ou consanguins, n'ont le droit de prendre part que dans leur ligne, et conséquemment n'excluent pas les parens de la ligne à laquelle ils sont étrangers.

On a encore invoqué le dernier paragraphe de l'article 733, qui dispose, d'une manière générale et *sans exception*, qu'il ne se fait aucune dévolution d'une ligne à l'autre que lorsqu'il ne se trouve aucun ascendant ni collatéral de l'une des deux lignes, et on en a conclu que cet article ne doit s'appliquer qu'aux frères et sœurs qui, en effet, suivant l'article 753, ont le droit de prendre dans les deux lignes, et d'exclure tous autres parens que les père et mère, ou que, si l'on veut appliquer également l'article 750 aux frères et sœurs utérins ou consanguins, cette application ne peut être faite que conformément à la règle générale établie par l'article 733, puisqu'il n'y a d'exception a cette règle que pour l'article 752; qu'ainsi, à l'égard des frères et sœurs, utérins ou consanguins, l'article 750 doit s'entendre en ce sens qu'ils excluent les ascendans et les autres collatéraux de *leur ligne seulement*, mais non pas les ascendans et les autres collatéraux de la ligne à laquelle ils sont étrangers.

Voici les réponses qui ont été faites dans le système contraire.

1º Suivant les articles 746, 748 et 749, les ascendans ne sont appelés à succèder que lorsqu'il n'existe ni frère ni sœur du défunt, ni descendans de frères ou sœurs : il n'y a d'exception qu'en faveur des père et mère. De même, suivant les articles 750, 751, 752 et 753, tant qu'il existe des frères ou sœurs, ou descendans d'eux, les autres collatéraux ne sont pas appelés, *et aucun des articles précités ne distingue si les frères et sœurs sont utérins ou consanguins ;* il est donc certain que le législateur a voulu placer tous les frères et sœurs en *général*, même les utérins et consanguins, ainsi que tous leurs descendans, sur une ligne plus favorable que tous les autres parens, à l'exception seulement des père et mère.

Mais on résiste à cette intention formelle du législateur, si on applique aux frères et sœurs la bipartition établie par l'article 733, puisqu'en ce cas ils doivent être souvent appelés en concours avec des parens très-éloignés.

L'article 733 règle bien, en général, les successions échues aux ascendans et aux collatéraux ; mais l'exception en faveur des frères et sœurs, ainsi que de leurs descendans, se trouve dans tous les articles que nous avons cités, notamment dans l'article 750.

Et ce qui prouve encore, de la manière la plus évidente, que le législateur a eu la volonté d'admettre l'exception, même en faveur des frères et sœurs *d'un seul côté*, c'est que, dans le projet de code, article 49 du titre des Successions correspondant à l'article 750 du Code Civil, on avoit placé le mot *germains* après les mots *frères et sœurs ;* de sorte que, dans le sens de cet article, les frères et sœurs germains étaient les seuls qui eussent le droit d'exclure tous les autres parens, et qu'au contraire, dans la rédaction de l'article 750, on a supprimé le mot *germains,* suppression qui ne peut avoir eu d'autre motif que de généraliser la disposition et de l'étendre aux frères et sœurs d'un seul côté, comme aux frères et sœurs germains.

2° Il ne peut être raisonnable de soutenir que le Code Civil qui, par l'article 752, accorde au frère d'un seul côté *les trois quarts* de la succession, lorsqu'il est en concours avec le père ou avec la mère du défunt, n'ait voulu lui accorder que la *moitié* de cette même succession, lorsqu'il ne se trouve en concours qu'avec un parent bien plus éloigné que le père et la mère, en sorte qu'il aurait plus de bénéfice à partager avec le père, ou avec la mère du défunt, qu'avec un aïeul, avec un grand-oncle, avec un cousin, *même au dernier des degrés successibles*, et que ce cousin aurait, en concours avec le frère utérin ou consanguin, la moitié de la succession, pendant que le père ou la mère, qui mérite cependant plus de faveur, n'aurait que le quart.

Supposer que la loi ait voulu donner une portion plus forte à un parent très éloigné, qu'au père ou à la mère du défunt, supposer qu'elle ait voulu donner plus au frère d'un seul côté, lorsque le père, ou la mère, a survécu, que dans le cas où l'un et l'autre étant morts, il ne se trouve que des arrière-petits-cousins jusqu'au 12e degré, ce serait évidemment prêter à la loi une injustice et une absurdité qui contrarieraient tout le système que nous avons développé jusqu'à présent, et ne permettraient plus de dire que l'ordre des successions se trouve établi sur l'ordre même des affections naturelles et légitimes.

Tels sont les motifs qui ont déterminé le plus grand nombre des jurisconsultes en faveur de l'opinion qui attribue aux frères et sœurs d'un seul côté, ainsi qu'à leurs descendans, la totalité de la succession, sans aucune division entre les deux lignes, lorsque le défunt n'a laissé ni postérité, ni père ni mère, ni frères ou sœurs *germains*, ou descendans d'eux.

Cette opinion se trouve confirmée par la décision de trois tribunaux, celui de Châteaudun, dont le jugement est du 6 pluviose an 12, celui de Gand, dont le jugement est du 14 ventose même année, et celui de Bruxelles, dont l'arrêt est du 28 thermidor suivant, et a été rendu après une discussion solennelle. (1)

Il faut donc tenir pour règle constante, d'après les articles 750 et 752 du Code, que la division linéaire n'a pas lieu, lorsqu'il y a des frères, ou sœurs, même d'un seul côté, ou des descendans d'eux, et qu'il ne se trouve ni frères ou sœurs *germains*, ni descendans d'eux. Seulement, dans le cas de l'article 752, c'est-à-dire, lorsque le père et la mère ont survécu, ou l'un d'eux, ils prennent, d'abord, la part qui leur est attribuée dans la succession; mais, dans ce cas, tout le surplus des biens, et, lorsqu'il n'y a ni père ni mère, la totalité de la succession, appartiennent aux frères et sœurs, même d'un seul côté, ainsi qu'à leurs descendans, sans division ni partage entre les deux lignes.

En un mot, tel est le privilége de la fraternité *en général* que, dans tous les cas, elle exclut tous les parens de l'une et de l'autre ligne qui ne peuvent représenter des frères ou sœurs, et tous les ascendans soit paternels soit maternels, à l'exception seulement des père et mère du défunt.

Ainsi, en nous reportant à l'exemple qui se trouve à la page 126, il faut décider que Jean a le droit de prendre seul la totalité de la succession de Paul son

(1) Ces jugemens, et leurs motifs, sont rapportés dans un excellent journal qui a pour titre : *Jurisprudence du Code Civil.*

frère utérin, qu'il exclut Philippe oncle paternel, qu'il exclurait aussi Joseph aïeul paternel, et que, s'il était décédé avant Paul, Gilbert son fils, *et son représentant*, aurait les mêmes droits, et exclurait pareillement Philippe et Joseph.

ARTICLE 751.

Si les père et mère de la personne morte sans postérité lui ont survécu, ses frères, sœurs, ou leurs représentans, ne sont appelés qu'à la moitié de la succession. Si le père, ou la mère seulement, a survécu, ils sont appelés à recueillir les trois quarts.

Cet article n'est qu'une répétition des art. 748 et 749 que nous avons expliqués.

ARTICLE 752.

Le partage de la moitié ou des trois quarts dévolus aux frères ou sœurs, aux termes de l'article précédent, s'opère entre eux par égales portions, s'ils sont tous du même lit; s'ils sont de lits différens, la division se fait par moitié entre les deux lignes paternelle et maternelle du défunt; les germains prennent part dans les deux lignes, et les utérins et consanguins chacun dans leur ligne seulement; s'il n'y a de frères ou sœurs que d'un côté, ils succèdent à la totalité, à l'exclusion de tous autres parens de l'autre ligne.

1. On a vu précédemment que les héritiers qui

viennent de leur chef et à degrés égaux, soit en ligne
directe, soit en ligne collatérale, partagent entre eux
par égales portions et par tête. La première partie
de l'art. 752 est l'application de cette règle générale à
un cas particulier. La moitié de la succession dévolue
aux frères et sœurs, lorsque les père et mère du défunt
lui ont survécu, et les trois quarts qui leur appartiennent, en cas de prédécès du père ou de la mère, se
partagent entre eux par égales portions, de même qu'il
y aurait lieu à partage égal, si la totalité de la succession était échue aux frères et sœurs.

2. L'article 752 fait néanmoins une distinction entre les frères et sœurs qui sont issus du même mariage
que le défunt, et ceux qui sont issus de lits différens.
Au premier cas, ils ont tous des droits égaux, puisqu'ils tenaient au défunt par les mêmes liens de parenté ; mais, s'ils étaient de lits différens, si les uns
étaient frères ou sœurs germains du défunt, et que les
autres ne fussent que frères ou sœurs utérins ou consanguins, alors, conformément à la règle générale établie par l'article 733, la division se ferait par moitié
entre les deux lignes paternelle et maternelle du défunt, les germains prendraient part dans les deux lignes, et les utérins ou consanguins ne prendraient
part que dans leur ligne.

EXEMPLE.

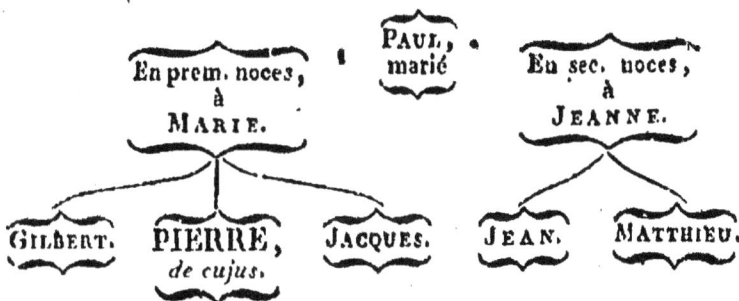

Paul et Marie, s'ils ont survécu à Pierre, leur fils, décédé sans postérité, recueilleront la moitié de sa succession, suivant les articles 748 et 751. Quant à l'autre moitié, elle sera divisée en deux parts égales entre les parens paternels et les parens maternels : Gilbert et Jacques, frères germains du défunt, étant seuls parens maternels, prendront d'abord la portion affectée à la ligne maternelle, et comme, dans la ligne paternelle, ils se trouvent parens au même degré que Jean et Matthieu frères consanguins, ils prendront, en outre, la moitié de la portion affectée à cette ligne.

Ainsi, de huit portions, quatre seront déférées à Paul et Marie, père et mère du défunt, trois à Gilbert et Jacques, et une seule à Jean et Matthieu.

Si Paul, était décédé avant Pierre, Marie aurait le quart, et dans le reste Gilbert et Jacques prendraient les trois quarts.

3. La dernière partie de l'article 752 qui veut que, s'il n'y a de frères ou sœurs que d'un côté, ils succèdent à la totalité, à l'exclusion de tous autres parens de l'autre ligne, est, en faveur des frères et sœurs utérins ou consanguins, une nouvelle exception à la règle générale établie par l'article 733, pour la division et le partage des biens par moitié entre la ligne paternelle et la ligne maternelle du défunt.

L'aricle 750 a donné aux frères et sœurs utérins, ou consanguins, le droit de prendre dans les deux lignes, lorsque le défunt n'ayant ni postérité, ni frères ou sœurs germains, ni descendans d'eux, n'a laissé ni père ni mère : l'article 752 leur accorde aussi le même droit, lorsque les père et mère du défunt lui ont survécu, ou l'un d'eux seulement.

Mais nous avons déjà prouvé, en examinant l'art. 750, qu'il ne s'agit, dans la dernière partie de l'article

752, que du partage de la moitié, ou des trois quarts de la succession, dévolus aux frères et sœurs dans le cas de concours avec les père et mère du défunt, ou avec l'un d'eux, et il en résulte que ces expressions de l'article, *s'il n'y a de frères ou sœurs que d'un côté, ils succèdent à la totalité*, ne peuvent s'entendre que de la totalité de ce qui reste après la portion déférée aux père et mère par les articles 748, 749 et 751, c'est-à-dire, de la moitié, si les père et mère ont survécu, et des trois quarts, si l'un d'eux était prédécédé. Autrement, en effet, les frères et sœurs d'un seul côté, s'ils avaient la totalité de la succession, en cas de survivance des père et mère du défunt ou de l'un d'eux, seraient traités plus favorablement que les frères et sœurs *germains* qui sont tenus aux termes des articles 748, 749 et 751, de laisser la moitié de la succession aux père et mère, s'ils ont survécu l'un et l'autre, et le quart, si l'un d'eux seulement a survécu.

Mais quand les père et mère ont pris la part qui leur est attribuée sur la succession de leur enfant décédé sans postérité, tout le reste de la succession appartient aux frères et sœurs d'un seul côté, s'il n'y a ni frères ou sœurs germains, ni descendans d'eux : il ne se fait ni division ni partage avec les parens de l'autre ligne. Les frères et sœurs d'un seul côté excluent, *dans les deux lignes*, tous les ascendans, à l'exception seulement des père et mère, et tous les parens collatéraux qui n'étant pas au degré de frères et sœurs, ne peuvent pas y arriver par le bénéfice de la représentation.

Tel est le véritable sens de la dernière partie de l'article 752 combinée avec les autres dispositions qui la précèdent.

EXEMPLE.

JULES.

JOSEPH.

GILBERT, marié

JACOB.

En prem. noces à FRANÇOISE.

En sec. noces à MADELAINE.

ROBERT, *de cujus.*

JACQUES.

GRÉGOIRE.

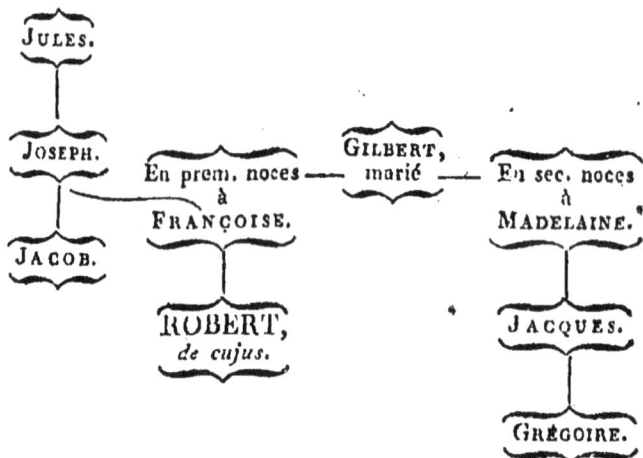

Robert étant mort après Françoise sa mère, le quart de sa succession est dévolu à Gilbert son père ; les trois autres quarts appartiennent à Jacques son frère consanguin.

Si, d'après la règle générale établie par l'article 753, la succession se fût divisée en deux parts égales, l'une pour les parens paternels de Robert, l'autre pour ses parens maternels, Jacques qui n'est parent que dans la ligne paternelle, n'aurait eu que le quart de la succession, l'autre quart, qui appartient à la ligne paternelle, ayant été dévolu en premier ordre, au père du défunt ; et l'autre moitié, attribuée à la ligne maternelle, aurait été déférée à Jules aïeul maternel de Robert, et, à son défaut, à Jacob oncle maternel ; mais on a vu que l'article 753, en établissant la règle générale de la division entre les deux lignes, a annoncé une exception pour l'article 752, et cette exception en faveur des frères et sœurs d'un seul côté, leur donne le droit d'exclure entièrement de la portion qui n'appartient pas au père et mère survivans, tous les parens, *de l'une et de l'autre ligne*, qui ne sont pas frères ou sœurs du défunt, ou descendans et représentans de frères ou sœurs.

Ainsi, Jacques, frère d'un seul côté, exclut l'aïeul et l'oncle maternels, quoiqu'il ne soit pas de la même ligne, et prend, à lui seul, les trois quarts de la succession, c'est-à-dire la totalité de ce qui reste après le prélèvement du quart en faveur du père.

On voit dans cet exemple que la ligne paternelle prend toute la succession et que la ligne maternelle n'a rien, puisque le quart est déféré au père, et les trois autres quarts au frère consanguin; mais s'il est juste que le père exclue tous les parens, autres que les frères et sœurs ou descendans d'eux, il est juste aussi que les frères et sœurs, même d'un seul côté, obtiennent la préférence sur tous les parens, autres que les père et mère, parce qu'il est dans l'ordre de la nature que nos frères et sœurs soient, après nos père et mère, les premiers objets de notre affection, et qu'en conséquence ils doivent succéder à l'exclusion de tous autres parens.

4. Quoique la dernière partie de l'article 752 se borne à dire que les frères et sœurs d'un seul côté succèdent à l'exclusion des autres parens, et ne parle pas des descendans de ces frères et sœurs, il est hors de doute qu'elle s'applique aux uns comme aux autres.

En effet, l'article 742 ayant admis la représentation en faveur des enfans et descendans des frères et sœurs du défunt, et l'article 739 ayant dit que la représentation fait entrer les représentans dans la place, dans le degré et dans les droits du représenté, il en résulte que tous les droits qui sont attribués aux frères et sœurs du défunt, appartiennent également à leurs enfans et descendans qui sont habiles à les représenter.

La règle étant générale, elle s'applique à tous les

cas particuliers pour lesquels il n'y a pas d'exception, et la dernière partie de l'article 752 ne contient pas d'exception à cet égard.

Peu importe que, dans cette dernière partie de l'article, on n'ait pas ajouté, après les mots *frères et sœurs*, ces autres mots, *et leurs descendans*, qui se trouvent, il est vrai, dans les autres articles de la loi. Cette omission ne suffit pas pour établir une exception : il eût fallu une dérogation *expresse* à la règle générale qui était posée.

Le principe de la représentation en faveur des enfans et descendans des frères et sœurs du défunt, étant consacré par l'article 742 d'une manière qui embrasse *tous les cas*, il était inutile de le répéter dans les autres articles où l'on voulait qu'il fût exécuté ; mais il eût été nécessaire d'écrire *textuellement* la dérogation au principe, dans les cas où l'on aurait voulu que, par exception, il n'y eût pas lieu à représentation en faveur des enfans et descendans des frères et sœurs du défunt.

La dénomination des descendans étant inutile, l'omission se trouve donc évidemment indifférente et ne peut déroger à la règle générale.

Ainsi, dans le dernier exemple, Grégoire comme représentant Jacques son père, exclurait également Jacob de la succession de Robert.

5. Par la même raison, quoiqu'il soit dit, dans la dernière partie de l'article 752, que les frères et sœurs d'un seul côté succèdent à la totalité, à l'exclusion de *tous autres* parens de l'autre ligne, il ne faut pas comprendre, au nombre de ces parens exclus, les descendans d'autres frères ou sœurs qui seraient d'un autre côté, puisque ces descendans sont appelés par la règle générale à représenter leurs père et mère.

Si Robert avait eu un frère utérin qui fût décédé avant lui, les enfans de ce frère ne seraient pas exclus par Jacques, frère consanguin : comme représentant leur père, ils auraient droit à la même portion qu'aurait eue leur père, s'il eût survécu, et conséquemment ils partageraient, par moitié avec Jacques leur oncle, les trois quarts de la succession de Robert.

Encore une fois, le principe de la représentation étant établi d'une manière générale, on ne peut s'en écarter dans aucun des cas pour lesquels il n'y a pas d'exception formelle, et il était inutile de le répéter à chaque article.

Comme on ne pourrait conclure de l'omission du mot *descendans*, que les descendans des frères et sœurs germains sont exclus par les frères et sœurs d'un seul côté, de même on ne peut conclure de cette omission que les descendans des frères et sœurs d'un seul côté ne jouissent pas des mêmes droits que ceux qu'ils représentent.

ARTICLE 753.

A défaut de frère, ou sœur, ou de descendans d'eux, et à défaut d'ascendans dans l'une ou l'autre ligne, la succession est déférée, pour moitié, aux ascendans survivans, et, pour l'autre moitié, aux parens les plus proches de l'autre ligne.

S'il y a concours de parens collatéraux au même degré, ils partagent par têtes.

1. On a vu, dans l'art. 746, que si le défunt n'a laissé ni postérité, ni frères ou sœurs, ou descendans d'eux, les ascendans excluent les collatéraux.

Mais on a vu aussi, dans l'article 733 , que toute succession, échue à des ascendans ou à des collatéraux, se divise en deux parts égales, l'une pour les parens de la ligne paternelle, l'autre pour les parens de la ligne maternelle, et qu'il ne se fait aucune dévolution d'une ligne à l'autre que lorsqu'il ne se trouve *aucun ascendant, ni collatéral* de l'une des deux lignes.

Il résulte de la combinaison de ces deux articles, 1° que, si le défunt n'a laissé ni postérité, ni frères ou sœurs, ou descendans d'eux, les ascendans, *s'il y en a des deux lignes*, recueillent la totalité de la succession, à l'exclusion de tous les parens collatéraux.

2° Que, s'il n'y a d'ascendans que dans une ligne seulement , ils ne prennent que la moitié affectée à leur ligne, et que l'autre moitié appartient aux parens collatéraux de l'autre ligne, qu'ainsi ce n'est que dans leur propre ligne que les ascendans excluent les collatéraux, et non dans la ligne à laquelle ils sont étrangers, mais qu'ils prennent la moitié des biens, quels que soient leur nombre et celui des collatéraux de l'autre ligne, la division ne s'opérant point par têtes entre les divers parens des deux lignes, mais par moitié entre chaque ligne.

Telle est la disposition précise de l'article 753 que nous examinons.

Ainsi, le père et la mère du défunt qui n'ont entre eux que la moitié de la succession, suivant l'art. 748, lorsqu'il y a des frères ou sœurs, ou descendans, recueillent, suivant l'article 746, lorsqu'il n'y a ni frères, ni sœurs, ni descendans d'eux, la totalité des biens de la succession, parce qu'ils sont les plus proches des parens *des deux lignes*.

Si le père ou la mère était prédécédé, le survivant qui, suivant les art. 749 et 751, ne recueillerait que le quart de la succession, se trouvant en concours avec des frères, sœurs, ou descendans d'eux, aurait, suivant l'article 746, à défaut de frères et sœurs du défunt, ou de descendans d'eux, la moitié des biens, parce qu'il doit avoir toute la portion attribuée à sa ligne, quand il ne se trouve ni frères, ni sœurs, ni descendans d'eux ; alors, étant le plus proche dans sa ligne, il prend tout ce qui est attribué à cette ligne.

Mais il ne pourrait exclure les collatéraux de l'autre ligne, à quelque degré qu'ils fussent éloignés, pourvu qu'ils fussent à un degré successible. Ces collatéraux partageraient avec lui par moitié la succession, parce qu'il n'appartient à chaque ligne que la moitié des biens, et que les parens d'une ligne ne peuvent avoir droit à la moitié qui appartient à l'autre, que lorsqu'il n'y a, dans cette ligne, ni ascendant, ni collatéral au degré successible.

Ce qu'on vient de dire à l'égard du survivant des père et mère, s'applique à tous autres ascendans qui ne sont que d'une ligne : ils n'excluent que dans leur propre ligne les parens collatéraux, et ne peuvent réclamer, quel que soit leur nombre, que la moitié affectée à leur ligne ; mais aussi, quand il n'y en aurait qu'un seul, il prendrait seul la moitié, quoique, dans l'autre ligne, il y eût plusieurs parens successibles au même degré. *Voyez* les notes et les exemples sur l'article 746.

Suivant l'article 69 de la loi du 17 nivose an 2, la succession de l'enfant qui n'avait laissé ni postérité, ni frères, ni sœurs, ni descendans d'eux, appartenait entièrement au survivant des père et mère ; l'art. 753 du Code Civil ne donne plus, en ce cas, au survivant des père et mère, que la moitié de la succession ; l'autre moitié appartient aux parens collatéraux de l'autre ligne, et nous convenons que la disposition de la loi du 17 nivose était peut-être plus conforme à l'affection du défunt et à la règle qui attribue la succession au parent le plus proche, sauf le cas de la représentation.

Mais les rédacteurs du Code Civil ont cru devoir établir la division des biens entre les deux lignes, pour ménager les intérêts respectifs des deux familles du défunt, pour que les biens qui provenaient de l'une ne lui fussent pas entièrement enlevés au profit de l'autre, pour maintenir enfin l'union entre elles, en les appelant conjointement au droit de successibilité.

D'ailleurs, les pays coutumiers tenaient fortement à la règle qui, dans le partage des successions, affectait les biens à la famille, et même à la branche dont ils provenaient; et cette règle, restreinte à de justes bornes, n'a rien de contraire, ni à la raison, ni à la justice.

Et, comme il fallait en décrétant un code civil uniforme pour toutes les parties de la France, concilier, autant que possible, les divers usages, on a fait entre le droit écrit qui donnait tout au parent le plus proche, soit paternel, soit maternel, et le droit coutumier qui allait chercher dans les lignes, et même dans les diverses branches, les parens les plus éloignés du défunt, pour leur attribuer exclusivement les biens venus de leur souche; on a fait, disons-nous, une espèce de transaction qui, en étendant aux deux lignes la règle du droit écrit, et en restreignant au plus proche parent dans chaque ligne la règle de l'affectation des biens à la souche, conservera les intérêts des deux familles, et modèrera ce qu'il y avait d'excessif dans l'un et l'autre droit. Les biens seront plus divisés que dans le droit écrit, sans être morcelés comme dans le droit coutumier : ils seront partagés en deux parts, au lieu d'être attribués en totalité à un seul héritier : chaque ligne profitera également des biens du parent commun, et le droit de successibilité ne dépendra plus du hasard d'une mort arrivée plus promptement dans une ligne que dans l'autre.

Mais on a établi dans l'article 754, en faveur du survivant des père et mère, qu'il aurait, outre la moitié de la succession, l'usufruit du tiers des biens dévolus à l'autre ligne; et l'on a vu, dans l'art. 747, que les ascendans ont encore l'avantage de succéder, à l'exclusion de tous autres parens, aux choses qu'ils avaient données à leurs enfans ou descendans, décédés sans postérité.

3. Suivant la dernière partie de l'article 752, la moitié des biens attribuée aux parens collatéraux, dans la ligne où il ne se trouve pas d'ascendans, est déférée aux parens les plus proches dans cette ligne; et il est en effet dans l'ordre de la nature que les parens les plus proches du défunt soient préférés aux parens les plus éloignés dans la même ligne.

C'est aussi par le même motif que, s'il y a concours de parens collatéraux au même degré dans la même ligne, le partage doit se faire entre eux par têtes.

Mais il ne faut jamais oublier qu'à l'égard des collatéraux, comme à l'égard des ascendans, le parent le plus proche n'exclut que dans sa ligne le parent plus éloigné, et qu'il n'exclut dans l'autre ligne aucun parent au degré successible. C'est dans chaque ligne séparément que le plus proche exclut le plus éloigné : c'est, en un un mot, le plus proche de chaque ligne qui est appelé à la succession collatérale, lorsqu'il n'y a ni frères, ni sœurs, ni descendans d'eux, sans que l'on considère, entre ces deux parens les plus proches, quelle est la différence de leurs degrés. (Voyez les notes sur l'article 734.)

Ainsi l'oncle paternel n'exclut pas le grand-oncle

maternel, quoiqu'il soit parent plus proche du défunt ; mais ils prennent chacun la moitié de la succession, si chacun d'eux est le parent le plus proche dans sa ligne, et si d'ailleurs le défunt n'a laissé ni ascendans, ni frères, ni sœurs, ni descendans d'eux.

ARTICLE 754.

Dans le cas de l'article précédent, le père, ou la mère, survivant, a l'usufruit du tiers des biens auxquels il ne succède pas en propriété.

Le père, ou la mère, qui partage avec des parens collatéraux, autres que les frères ou sœurs, ou descendans d'eux, a, outre la moitié en propriété attribuée à sa ligne, l'usufruit du tiers de l'autre moitié qui est attribuée aux parens collatéraux de l'autre ligne.

Mais il est soumis à toutes les charges de l'usufruit, et même à donner caution, puisque la loi ne l'en dispense pas.

On voit que ce droit d'usufruit n'est accordé qu'au père et à la mère, en non pas aux autres ascendans.

ARTICLE 755.

Les parens au-delà du douzième degré ne succèdent pas.

A défaut de parens au degré successible dans une ligne, les parens de l'autre ligne succèdent pour le tout.

1. La faveur qui est due à la famille a fait prolonger jusqu'à douze degrés le droit de succéder ; mais, en l'étendant plus loin, on se serait exposé à une

foule d'embarras et de contestations sur les preuves
de parenté, et, après le douzième degré, on est si
éloigné de la souche commune, qu'on ne peut plus
invoquer en sa faveur les sentimens d'affection et de
famille.

D'ailleurs, il est rare que le défunt laisse des parens
qui soient au-delà du douzième degré.

Mais, lorsqu'il en laissera, ils ne pourront lui
succéder, et les biens de la succession seront déférés
aux enfans naturels, et, après eux, au conjoint survivant.

S'il n'y a ni enfans naturels légalement reconnus,
ni conjoint survivant, ce sera le fisc qui prendra les
biens, à l'exclusion des parens au-delà du douzième
degré ; et il est étonnant que, d'après les dispositions
précises des articles 755, 758, 767 et 768, on ait
pu dire que les parens, même au-delà du douzième
degré, étant plus favorables que le fisc, doivent lui
être préférés. L'article 755 leur refuse, dans tous les
cas, le droit de succéder.

2. La seconde disposition de l'article 755 se trouve
suffisamment expliquée par ce qui a été dit sur les
art. 733 et 753. Il suffira d'ajouter que c'est au parent
le plus proche dans l'une des lignes, et qui déjà est
appelé à succéder, que doit appartenir la portion de
l'autre ligne dans laquelle il n'y a pas de parens au
degré successible : alors il se trouve seul héritier pour
le tout, et un autre parent de sa ligne, mais à un degré plus éloigné, n'a pas le droit de réclamer la part
de la ligne défaillante, sous le prétexte que l'héritier
dans une ligne ne peut avoir plus que la moitié attribuée à cette ligne. Sa prétention serait contraire
à la règle générale qui défère toujours la succession
au parent le plus proche, lorsqu'il n'y a pas lieu à représentation.

CHAPITRE IV.

Des Successions irrégulières.

SECTION PREMIÈRE.

Des Droits des Enfans naturels sur les Biens de leur Père ou Mère, et de la Succession aux Enfans naturels décédés sans postérité.

ARTICLE 756.

Les enfans naturels ne sont point héritiers ; la loi ne leur accorde de droits sur les biens de leur père ou mère décédés, que lorsqu'ils ont été légalement reconnus. Elle ne leur accorde aucun droit sur les biens des parens de leur père ou mère.

1. On appelle enfans naturels ceux qui sont nés de deux personnes libres qui pouvaient se marier ensemble, mais qui n'étaient pas unies par le mariage.

Les enfans qui sont nés d'une ou de deux personnes mariées, mais non l'une avec l'autre, s'appellent adultérins.

Ceux qui sont nés de deux personnes auxquelles il est prohibé par la loi de se marier ensemble, à cause du lien de parenté ou d'affinité qui les unit, sont appelés incestueux.

Les enfans naturels peuvent être légitimés par le mariage subséquent de leurs père et mère : les enfans adultérins, ou incestueux, ne peuvent être, en aucun temps, légitimés.

Les enfans naturels, légitimés par mariage subsé-

quent, ont tous les mêmes droits que s'ils étaient nés
dans le mariage. (*Art.* 331 *du Code.*)

Il ne sagit pas d'eux dans le présent chapitre, mais
uniquement des enfans nés hors du mariage, et non
légitimés, et l'on ne s'occupe des enfans adultérins,
ou incestueux, que dans l'article 762.

3. Les enfans naturels n'ont aucuns droits sur les
biens de leurs père et mère, lorsqu'ils n'ont pas été reconnus par un acte authentique conformément à l'article 334 du Code.

Néanmoins, comme la recherche de la maternité
est admise par l'art. 341, l'enfant qui, en se confor-
mant aux dispositions de cet article, aurait fait la preuve
qu'il est réellement issu de la femme qu'il réclame
comme sa mère, devrait avoir, sur les biens de cette
femme, les mêmes droits que s'il en avait été reconnu. Autrement, et si la preuve de la maternité n'é-
quivalait pas à la reconnaissance, ce serait inutilement
que la recherche en serait permise, puisque la preuve
ne produirait aucun effet.

Hors ce cas, l'enfant naturel n'a droit que sur la
succession de celui de ses père et mère qui l'a expressément reconnu. S'il a été reconnu par les deux, il a
droit sur la succession de l'un et de l'autre ; mais la
reconnaissance par l'un d'eux seulement ne lui donne
aucun droit sur la succession de l'autre. L'article 336
du Code dit expressément que la reconnaissance de la
part du père, sans l'indication et l'aveu de la mère,
n'a d'effet qu'à l'égard du père, et, de même, la reconnaissance faite par la mère, même avec l'indication
du père, ne peut produire aucun effet à l'égard du
père indiqué, sans son aveu formel, puisque la recherche de la paternité est interdite par l'art. 340.

4. Les enfans naturels ne sont point héritiers, encore qu'ils aient été légalement reconnus, et lors même

qu'il n'y a pas de parens légitimes et successibles. L'article 756 dit généralement, et pour tous les cas sans exception, qu'ils ne sont pas héritiers.

Lorsque le défunt a laissé des parens légitimes, ces parens, quelque éloigné que soit leur degré, pourvu qu'il ne soit pas au-de là du 12e, ont seuls la qualité d'héritiers, lors même qu'ils n'ont droit qu'à la plus faible portion des biens ; et comme, en cette qualité, ils sont saisis de la succession, suivant l'art. 724 du Code, c'est à eux que les enfans naturels doivent demander la délivrance de leurs droits.

Mais les enfans naturels doivent être admis à assister aux opérations préliminaires du partage : ils ont le *jus ad rem* : ils sont réellement *co-propriétaires* du successible, et leurs intérêts pourraient être d'ailleurs très-souvent compromis, si toutes les opérations étaient abandonnées à la discrétion de l'héritier.

Ainsi l'a décidé un jugement de la 4e section du tribunal de la Seine, du 14 fructidor an 11, rapporté au journal de jurisprudence du Code Civil, tome 1er, page 112.

Quand le défunt n'a pas laissé de parens légitimes au degré successible, les enfans naturels, légalement reconnus, ont droit à la totalité des biens de leurs père et mère, ainsi qu'on le verra dans l'article suivant ; mais, dans ce cas même, ils ne sont pas saisis des biens : ils doivent se faire envoyer en possession par justice, aux termes des articles 724 et 770 ; ils ne sont donc jamais héritiers : ce n'est, dans tous les cas, qu'un droit de *créance* qui leur est accordé sur les successions de leurs père et mère.

Il ne faut pas néanmoins confondre ce droit que leur accorde la loi, avec les créances ordinaires. *c'est, sous le titre de créance*, a dit le conseiller d'état Bigot-Préameneu, dans son exposé des motifs de la loi sur

les donations et testamens, *c'est une participation
à la succession.*

Aussi, les enfans naturels légalement reconnus n'ont
pas seulement une action *personnelle* contre les héritiers : ils ont encore une action *réelle*, puisqu'ils
ont le droit de réclamer *en nature* la portion de biens
que leur accorde la loi.

Cependant les ventes d'immeubles que pourrrait
avoir consenties l'héritier légitime, seraient valables
et devraient être maintenues, si elles avaient été faites
avant que l'enfant naturel eût fait connaître son état
et réclamé ses droits, et celui-ci ne pourrait exercer
son droit que sur le prix des ventes. L'héritier légitime ayant la saisie légale des biens de la succession,
a pu valablement disposer de ces biens ; et l'enfant
naturel qui réclame postérieurement, n'ayant point été
saisi par la loi, doit prendre les choses en l'état où
elles se trouvent. Mais après la demande en délivrance
formée par l'enfant naturel, l'héritier légitime serait
de mauvaise foi, s'il vendait des biens de la succession, et ne pourrait valablement en transmettre la
propriété. Il y a deux jugemens conformes (1), l'un
de la première section du tribunal de première instance de Paris, du 14 fructidor an 11, et l'autre de
la troisième section de la cour d'appel de Paris, du
14 fructidor an 12.

5. L'enfant naturel, légalement reconnu, a droit,
suivant l'art. 756, sur les biens de ses père et mère
décédés ; ce n'est donc qu'après le décès de ses père
et mère qu'il a droit sur leurs biens ; il n'a donc de
droits que sur les biens qui se trouvent dans leurs
successions, il n'en a aucuns sur les biens dont ils

_____

(1) Les jugemens et les motifs sont rapportés dans le
journal de Jurisprudence du Code Civil, tom. 1er, pag. 113
et 126 ; et tom. 3, p. 29.

ont disposé de leur vivant, et comme les père et mère peuvent disposer de la totalité de leurs biens, lorsqu'ils n'ont pas de descendans, ou d'ascendans *légitimes*, il en résulte qu'ils sont les maîtres de ne rien laisser à leurs enfans naturels, lors même qu'ils les ont légalement reconnus.

Telle est l'opinion du tribun Jaubert dans son rapport sur la loi relative aux donations et testamens; voici ses expressions :

« Les enfans naturels ne pourraient-ils donc pas aussi réclamer la réduction des donations entre-vifs ? Jamais. La loi établit la réserve pour les enfans légitimes. *Qui de uno dicit, de altero negat.*

« A la vérité, le titre des Successions veut que le droit de l'enfant naturel sur les biens de ses père et mère décédés soit d'une quote qui varie suivant la qualité des héritiers présomptifs ; mais ce droit ne se rapporte qu'à la succession. Les enfans naturels ne peuvent donc l'exercer que sur la succession *telle qu'elle est.* Or, les biens donnés ne sont pas dans la succession. »

On peut opposer contre cette opinion :

1° Que le Code ayant attribué des droits aux enfans naturels sur les biens de leurs père et mère, et les ayant considérés comme créanciers, on ne peut raisonnablement supposer qu'il ait permis aux père et mère de se jouer de cette créance.

2° Que l'article 756, lorsqu'il dit que la loi n'accorde de droits aux enfans naturels sur les biens de leurs père et mère décédés, que lorsqu'ils ont été légalement reconnus, veut dire seulement qu'ils n'ont de droits qu'après le décès de leurs père et mère, mais ne réduit pas leurs droits aux biens qui se trouvent après le décès des père et mère.

3° Que l'art. 761 ne permettant aux père et mère, de réduire leur enfant naturel qu'à la moitié de la portion fixée par les articles 757 et 758, suppose évidemment que cet enfant ne peut être réduit à une moindre portion, et qu'ainsi les père et mère n'ont pas le droit de disposer, à son préjudice, *de la totalité* de leurs biens.

4° Que, suivant les expressions du tribun Siméon, dans son discours au corps législatif sur les Successions, les droits attribués aux enfans naturels, *garantissent* la dette que leurs père et mère contractèrent, en leur donnant naissance, et en les reconnaissant, mais qu'il n'y aurait plus de garantie si les enfans naturels pouvaient être frustrés de la totalité de leurs droits.

La disposition précise de l'article 756 résiste à tous ces argumens, et l'interprétation qu'on veut lui donner est évidemment fausse.

Quand on dit dans le seul article qui est destiné à *fixer* les droits des enfans naturels, que la loi ne leur accorde de droits sur les biens de leurs père et mère *décédés*, que lorsqu'ils ont été légalement reconnus, il est clair que les enfans naturels, légalement reconnus, ne peuvent avoir d'autres droits que ceux fixés dans cet article; ils n'en peuvent donc avoir que sur les biens de leurs père et mère décédés, c'est-à-dire, sur les biens qui existent au décès.

N'eût-il pas été d'ailleurs parfaitement inutile de dire que les enfans naturels n'auraient de droits sur les biens de leurs père et mère, qu'après que ceux-ci seraient décédés? Les enfans légitimes eux-mêmes ont-ils des droits sur les biens de leurs père et mère encore vivans? L'article 204 du Code ne leur interdit-il pas formellement toute action contre leurs père et mère, pour établissement par mariage, *ou autre-*

ment ? Seulement, ils ont droit à des alimens; et l'on verra bientôt que les enfans naturels reconnus, ont aussi le droit d'en demander à leurs père et mère.

L'article 756 ne veut donc pas dire que l'enfant n'a de droit sur les biens de ses père et mère, qu'a-près leur décès; mais il veut dire que l'enfant naturel n'a de droits que sur les biens qui se trouvent au décès de ses père et mère, ou, ce qui est la même chose, sur les biens qui se trouvent dans leurs successions ; et conséquemment les articles qui suivent, et qui ne parlent de ces droits que pour en fixer la quotité plus ou moins considérable, suivant les divers cas où il se trouve des parens légitimes plus ou moins éloignés, ne peuvent également s'appliquer qu'aux biens qui font partie des successions des père et mère.

Ainsi, d'après l'article 761 qu'on a supposé, les père et mère ne peuvent réduire leur enfant naturel, *dans les biens qui composeront leurs successions,* à une portion moindre que la moitié des droits fixés par les articles 757 et 758; mais il n'en résulte pas qu'ils soient tenus de laisser dans leurs successions une por-tion quelconque de leurs biens.

Comment répondre, d'ailleurs, à la disposition de l'article 916 du Code, qui permet de donner la tota-lité de ses biens, lorsqu'on n'a ni descendans légiti-mes, ni ascendans légitimes, et qui, en n'accordant le droit de réserve qu'à ces descendans et ascendans, en exclut évidemment, *formâ negandi,* les enfans *nés hors mariage.*

Les donations faites, même d'après la naissance et la reconnaissance des enfans naturels, ne sont donc pas à leur égard révocables, ni en totalité, ni en partie, puisque la loi n'établit aucune réserve en faveur des enfans naturels; et, quant aux donations faites avant la naissance et la reconnaissance de ces enfans, il est

expressément décidé, par l'art. 960 du Code, qu'elles
sont irrévocables à leur égard, puisqu'il est dit dans
cet article que toutes donations entre-vifs faites par
personnes qui n'avaient point d'enfans ou de descendans actuellement vivans dans le temps de la donation,
sont révoquées par la survenance d'un enfant *légitime*,
même d'un posthume, ou par la *légitimation* d'un
enfant naturel par le mariage subséquent, s'il est né
depuis la donation, et qu'il est évident que ces mots,
*enfant légitime, légitimation d'un enfant na-
turel*, excluent du droit de révocation les enfans naturels seulement reconnus, mais non légitimés.

Ce n'est en effet qu'au titre des Successions, *ab
intestat*, que le Code Civil règle les droits des enfans naturels sur les biens de leurs père et mère : il
n'en parle point au titre des Donations ; il ne leur accorde aucun droit ni de réserve, ni de révocation, sur
les biens donnés. Les enfans naturels n'ont donc réellement de droits que sur les successions *ab intestat*,
et n'en ont aucuns sur les biens donnés qui ne font
pas partie de ces successions.

Sur quelle base enfin calculerait-on la réserve en faveur des enfans naturels ? Leur réserverait-on la portion qui, suivant les cas divers, leur est attribuée par
les articles 757 et 758, sauf la révocation à moitié,
suivant l'article 761 ? Est-ce bien là ce qu'on demande
pour eux dans le système que nous combattons, puisqu'on prétend que le *minimum* de leur portion se
trouve fixé par l'article 761, et que cette portion, ainsi
réduite, doit être sacrée, puisqu'elle est déterminée
par la loi ?

Mais alors, comme l'enfant naturel a droit à la totalité des biens, suivant l'article 758, lorsqu'il n'y a
pas de parens légitimes, sa réserve, en ce cas, com-
prendrait donc la moitié des biens ; il serait donc aussi

bien traité que l'enfant légitime qui, suivant l'art. 913, n'a également réserve que d'une moitié ; et il serait mieux traité que l'ascendant légitime qui n'a droit, suivant l'art. 915, qu'à la réserve du quart.

Cependant l'article 756 n'accorde à l'enfant naturel que le tiers de la portion de l'enfant légitime, et une portion seulement égale à celle de l'ascendant. Pourquoi donc y aurait-il une proportion différente pour la fixation de la réserve ? Ce serait une contradiction évidente dans les motifs de la loi.

Mais quelle autre base faut-il prendre pour fixer la réserve ? Le Code n'en indique aucune ; et le silence qu'il a gardé à cet égard est bien une preuve qu'il n'a pas voulu de réserve en faveur des enfans naturels. Il l'a dit, d'une manière expresse, dans l'art. 960, pour les biens donnés avant la naissance et la reconnaissance des enfans naturels ; et il l'a dit aussi très-clairement, pour les donations postérieures, en n'accordant de réserve qu'en faveur des enfans légitimes et des ascendans légitimes, ce qui exclut nécessairement les enfans naturels : *inclusio unius est exclusio alterius.*

Au reste, ce n'est que par des actes *entre-vifs*, et non par des testamens que les père et mère peuvent diminuer la portion *légale* de leurs enfans naturels. Les biens, donnés par testamens, faisant partie des successions, les enfans naturels exercent leurs droits sur ces biens, comme sur tous les autres dont le défunt avait la propriété au moment de son décès.

6. Quoique l'article 756 ne paraisse accorder de droits aux enfans naturels qu'après la mort de leurs père et mère, on ne doit pas en conclure qu'ils ne puissent pas demander des alimens à leurs père et mère qui les ont reconnus. C'est un droit de la nature et du sang qu'on ne leur a pas même refusé dans le temps où ils étaient traités avec la plus grande rigueur

par nos lois; et, puisque le Code Civil accorde des alimens aux enfans adultérins ou incestueux, on ne
peut supposer qu'il ait eu l'intention d'en refuser aux
enfans naturels qui sont bien moins défavorables. L'article 756 ne fait que régler les droits de ces enfans
dans les successions de leurs père et mère, mais ne
leur interdit pas le droit que la nature et l'humanité
leur accordent contre les père et mère encore vivans.

Un jugement de la 3ᵉ section du tribunal civil de
Paris, du 11 frimaire an 12, rapporté au journal de
jurisprudence du Code Civil, page 416, tome 1, a
condamné un père à payer une pension alimentaire
de 400 liv. à sa fille naturelle qu'il avait reconnue.

Mais, si l'enfant naturel n'a pas été reconnu, il ne
peut être admis, pour obtenir des alimens, à prouver
la paternité : dans tous les cas, la recherche de la paternité est interdite.

Un jugement du tribunal d'appel de Lyon, du 29
ventose an 12, rapporté au journal de jurisprudence
du Code Civil, tome 1ᵉʳ, page 422, a refusé des alimens à un enfant naturel non reconnu, quoiqu'il fût
constant au procès que le père indiqué avait fourni des
secours à l'enfant et à la mère, et que même il eût déclaré, dans un acte notarié, être père *d'un* enfant
naturel ; mais il n'avait désigné ni l'enfant ni la mère,
et une déclaration aussi vague ne pouvait être considérée comme une reconnaissance de l'enfant qui récla-
mait des alimens.

7. Les enfans naturels n'ont aucuns droits sur les
biens des parens de leurs père et mère, à moins qu'ils
ne soient légitimés. Hors ce cas, ils n'entrent point
dans la famille légitime, et ne jouissent pas de ses
droits, quoiqu'ils aient été reconnus. La reconnaissance n'établit de rapports qu'entre ceux qui la font et
ceux en faveur de qui elle est faite : elle n'en établit

aucuns entre l'enfant naturel reconnu, et les parens du reconnaissant, qui demeurent toujours étrangers les uns aux autres.

8. Ainsi, le Code Civil a pris un juste milieu entre les lois anciennes qui, dans le cas même où il n'y avait pas de parens légitimes, refusaient toute espèce de droits aux enfans naturels, à l'exception seulement des alimens, et la loi du 12 brumaire an 2, qui leur accordait les mêmes droits qu'aux enfans nés dans le mariage : il a fait ce que réclamaient la morale publique et le respect dû au plus sacré des contrats, en ne confondant plus dans la famille les enfans de la concubine et les enfans de l'épouse légitime; mais il a fait aussi ce que réclamaient la justice, la nature et l'humanité, en accordant aux enfans naturels une portion des biens de leurs père et mère.

Et ce n'est, au reste, qu'aux enfans naturels volontairement reconnus qu'il a donné des droits. Il a proscrit toutes ces scandaleuses recherches en paternité qui portaient si souvent le trouble dans les familles et la désunion dans les mariages.

9. Il s'est élevé des questions importantes sur la forme et la validité des actes de reconnaissance des enfans naturels, et c'est ici le lieu d'en présenter la solution, puisqu'elles naissent toutes à l'occasion des droits que réclament les enfans naturels sur les successions de leurs père et mère.

1° On a demandé, d'abord, s'il était nécessaire que la reconnaissance fût faite devant l'officier de l'état civil, et si elle n'était pas également valable, lorsqu'elle avait été faite devant un juge de paix, ou devant un notaire.

La réponse se trouve dans le texte même de l'article 334 du Code, qui exige seulement que la reconnaissance soit faite *par un acte authentique*, lors-qu'elle ne l'a pas été dans l'acte de naissance.

La reconnaissance est donc valable, faite devant un juge de paix, ou devant un notaire, comme devant l'officier de l'état civil, puisque les actes des uns et des autres ont également le caractère d'authenticité.

Un jugement du tribunal d'appel de Grenoble, du 14 ventose an 12, rapporté au journal de jurisprudence du Code Civil, tome 1er, page 336, a déclaré valable une reconnaissance d'enfant naturel, faite devant un juge de paix.

2° La preuve de paternité qui résulte d'une enquête, l'aveu qui résulte d'une transaction, des jugemens contradictoires qui déclarent la paternité, peuvent-ils tenir lieu de la reconnaissance légale exigée par l'article 334 du Code, lorsque l'enquête et la transaction ont été faites, et les jugemens rendus, avant les lois intervenues pendant la révolution sur les enfans naturels, et que le père est décédé depuis la publication du Code, et même depuis la publication de la loi du 12 brumaire an 2?

Il faut décider négativement, dans tous les cas.

Avant la révolution, la recherche de la paternité était admise, on pouvait la prouver par témoins ; et comme on avait, d'ailleurs, admis presque généralement la maxime : *creditur virgini praegnantem se dicenti*, la preuve de simples familiarités entre la fille qui se déclarait enceinte, et l'homme qu'elle désignait comme l'auteur de sa grossesse, suffisait, presque toujours, pour faire déclarer la paternité.

On avait encore admis les plaintes en séduction et les plaintes en rapt, sur lesquelles il était rare qu'on ne transigeât point.

Or, peut-on regarder comme des reconnaissances li-

bres et volontaires, ces transactions qui avaient pour
objet de prévenir ou d'éteindre des procès toujours
désagréables et scandaleux ? peut-on regarder, comme
preuves de paternité, les déclarations des filles encein-
tes, et les condamnations prononcées par les tribunaux sur des faits si obscurs et si incertains ? non,
sans doute.

Mais la loi du 12 brumaire an 2, a aboli la recherche de la paternité non avouée par les pères existant
à cette époque : elle a exigé, pour que l'enfant naturel
pût avoir des droits, qu'il fût expressément reconnu
devant un officier public. Tout ce que les lois anciennes avaient considéré comme *preuves* en cette matière,
ne peut donc plus être invoqué, depuis la loi du 12
brumaire an 2, contre les pères qui étaient encore vivans : dès-lors, il n'a plus existé d'autre preuve légale
de la paternité que la reconnaissance faite par le père,
et cette reconnaissance n'a pu résulter que de sa volonté, libre et dégagée de toute autre influence que celle
du sentiment de la nature.

C'est ainsi qu'on l'a toujours décidé depuis la loi du
12 brumaire. On peut consulter à cet égard le rapport
du ministre de la justice du 12 ventose an 5, et celui
qui a été fait au corps législatif, le 18 messidor suivant, par M. Siméon, aujourd'hui conseiller d'état.
La loi du 12 brumaire, disait ce profond jurisconsulte, *a remis le sort des enfans naturels dans les
mains de leurs pères encore vivans.*

D'après cette législation nouvelle, si les pères avaient
été libres dans les actes qu'ils avaient souscrits antérieurement, s'ils avaient réellement considéré comme leurs
enfans, ceux dont ils avaient été déclarés pères, au-
raient-ils négligé d'assurer leur état, en les reconnaissant d'une manière authentique et volontaire, puisque
cette reconnaissance était devenue nécessaire ? Le

silence qu'ils ont gardé n'est-il pas une preuve qu'ils n'ont pas voulu reconnaître? Etait-il besoin qu'ils révoquassent des actes qui, sous l'empire de la loi nouvelle, n'avaient plus de force et ne pouvaient plus produire aucun effet?

Il y a évidemment mêmes motifs de décision à l'égard des pères qui ne sont décédés qu'après la promulgation du Code Civil, puisqu'il a exigé, comme la loi du 12 brumaire, une reconnaissance formelle, libre et authentique, de la part du père.

L'opinion que nous venons d'émettre se trouve déjà confirmée par un arrêt de la cour d'appel d'Agen, du 17 prairial an 12, par un autre arrêt de la cour d'appel de Poitiers, du 28 messidor même année, et par un troisième de la cour d'appel d'Amiens, du 11 floréal précédent.

Ces arrêts, et leurs motifs, sont rapportés au journal de Jurisprudence du Code Civil, tome 2, pages 193, 337 et 465.

3° L'enfant naturel peut-il être reconnu, avant sa naissance?

On a dit, pour la négative, que l'article 334 du Code doit s'entendre en ce sens, que, si l'enfant naturel n'a pas été reconnu dans son acte de naissance, il pourra l'être par un acte authentique, qu'ainsi cet acte authentique ne peut que suppléer, et non pas précéder, l'acte de naissance, qu'autrement le législateur se fût borné à dire que la reconnaissance d'un enfant naturel serait faite par un acte authentique, et n'aurait pas ajouté le dernier membre de l'article, puisqu'un acte de naissance est un acte authentique qui eût été nécessairement compris dans la première disposition; que d'ailleurs le terme même *reconnaissance*, présuppose la naissance, que reconnaître un enfant, c'est porter de nouveau ses regards sur un enfant déjà

connu, et convenir de son identité et de sa fiction,
et que c'est, sans doute, pour éviter toute discussion
ultérieure sur ces deux derniers faits, et mettre d'ac-
cord l'article 334 avec l'article 340, que le législateur
a exigé l'*antériorité* ou la *simultanéité* de l'acte de
naissance pour reconnaître un enfant.

On a répondu, pour soutenir l'affirmative, que
l'article 334 établit deux modes de reconnaissance qui
produisent les mêmes effets; le premier est l'acte de
naissance, le second est un acte authentique; qu'à la
vérité le second mode devient inutile, lorsque le premier a été employé, mais qu'on ne peut en conclure
que l'acte authentique soit sans effet, lorsqu'il précède
l'acte de naissance, puisqu'au contraire l'article 334
admet l'un ou l'autre mode indifféremment, et que
c'est comme s'il eût dit : l'enfant naturel pourra être
reconnu par son acte de naissance, ou par un acte
authentique.

On a ajouté que, dans tous les temps, on a regardé
comme né, l'enfant simplement conçu, chaque fois
qu'il serait avantageux pour lui d'être au monde; que
l'art. 925 du Code Civil déclare capable de succéder
celui qui est conçu à l'ouverture de la succession ; que
l'article 906 déclare également capable de recevoir,
soit par donation, soit par testament, celui qui est
conçu, pourvu qu'ensuite il naisse viable; qu'ainsi, avant
sa naissance, l'enfant naturel peut recueillir, comme
le légitime, et que, par les mêmes motifs, il doit être
déclaré capable d'être reconnu par ses père et mère,
puisqu'il est censé exister, toutes les fois qu'il y va de
son intérêt.

Entre ces deux opinions qui se trouvent développées
dans le journal de Jurisprudence du Code Civil, il
nous semble qu'on doit prendre un terme moyen.

Si un homme qui est atteint d'une maladie grave et

dangereuse, ou qui se trouve forcé d'entreprendre un voyage de long cours dans des pays éloignés, déclare, dans un acte authentique, qu'une femme qu'il désigne est enceinte de ses œuvres, s'il reconnaît l'enfant qui est conçu, et qu'ensuite il meure avant la naissance de cet enfant, où qu'il ne revienne dans sa patrie, qu'après que cet enfant est décédé, la reconnaissance doit être valable. Autrement, en effet, il n'aurait aucun moyen de s'acquitter envers son enfant d'un devoir sacré : il serait condamné à emporter avec lui le pénible regret d'avoir donné la vie à un malheureux, et de ne pouvoir lui donner ni son nom, ni un état, ni une portion de ses biens, puisque tous ces bienfaits sont attachés à la reconnaissance. Ce n'est pas là, sans doute, l'intention de la loi : elle serait injuste et cruelle, si elle contrariait ainsi les plus doux sentimens de la nature, si, malgré la reconnaissance la plus formelle, elle arrachait un enfant à son père, et le père à son enfant.

Dans le cas même ou le père, sans être atteint d'une maladie dangereuse, et sans être forcé à un voyage de long cours, ne serait déterminé à reconnoître son enfant avant sa naissance, que par la seule crainte d'être surpris par la mort, la reconnaissance devrait encore être valable, s'il mourait avant que son enfant fût né. Sa prévoyance aurait été légitime, et sa volonté devrait être respectée.

Mais, *dans tous les cas*, si le père survivait à son enfant, où s'il était de retour dans sa patrie avant que son enfant fût décédé, il est douteux que la reconnaissance qu'il aurait faite avant la naissance, fût déclarée valable, s'il ne la renouvelait pas dans l'acte de naissance, ou dans un acte postérieur. Il serait au moins plus sûr, pour les intérêts de l'enfant, de la renouveler dans la forme prescrite par l'art. 334 du Code, attendu que cet article, en exigeant que la reconnaissance soit faite par un acte authentique, *lorsqu'elle ne l'aura pas été dans son acte de naissance*, dit assez clairement que l'acte de naissance est le premier acte dans lequel peut être faite la reconnaissance, et que, si des circonstances urgentes peuvent autoriser une reconnaissance antérieure, il faut rentrer dans la disposition de la loi, lorsque les circonstances ont cessé, et qu'il est possible de faire ce que la loi prescrit.

4° Peut-on reconnaître pour enfant naturel celui qu'on a précédemment adopté?

La reconnaissance postérieure à l'adoption n'est pas essentiellement nulle; mais elle ne peut produire d'effet à l'égard de l'adopté, s'il n'y donne formellement son adhésion.

L'état civil est donné par la nature : la loi ne fait que le reconnaître; l'état civil que confère l'adoption est donc purement fictif : aussi l'adopté ne perd pas ses droits dans la famille naturelle. La reconnaissance de paternité ne fait, au contraire, que confirmer l'état civil donné par la nature; l'adoption doit donc disparaître devant la reconnaissance de paternité, comme la fiction devant la vérité.

On ne peut priver un père du droit de reconnaître son enfant, parce qu'il a exercé à son égard un premier acte de bienfaisance, en l'adoptant.

On ne peut priver un enfant du droit d'être reconnu par son père, et de tenir à la société par l'état civil que lui a donné la nature.

Mais il est évident que le père adoptif ne peut seul, et sans le consentement de l'adopté, révoquer, par une reconnaissance de paternité, l'adoption qu'il a consentie. L'adoption est un acte synallagmatique qui ne peut être rompu que par le consentement des deux parties. Il ne doit pas être au pouvoir de l'adoptant de

diminuer les droits de l'adopté, en souscrivant une
reconnaissance de paternité qui pourrait, d'ailleurs,
si elle était contestée par l'enfant, donner lieu à une
recherche de la paternité expressément prohibée par
la loi.

Tels sont les motifs sur lesquels a été rendu par la
première section du tribunal d'appel de Paris, le 11
ventose an 12, un jugement qui décide textuellement
que la reconnaissance de paternité postérieure à l'adoption n'est pas nulle, mais qu'elle n'a pu enlever à l'a-
dopté, sans son consentement, l'état et les droits que
l'adoption lui conférait. (*Voyez* le Journal de Jurisprudence du Code Civil, tome 1er, page 299.)

ARTICLE 757.

Le droit de l'enfant naturel sur les biens
de ses père ou mère décédés, est réglé ainsi
qu'il suit :

Si le père ou la mère a laissé des descendans légitimes, ce droit est d'un tiers
de la portion héréditaire que l'enfant naturel aurait eue, s'il eût été légitime : il est
de la moitié, lorsque les père ou mère ne
laissent pas de descendans, mais bien des
ascendans, ou des frères ou sœurs ; il est
des trois quarts, lorsque les père ou mère
ne laissent ni descendans, ni ascendans,
ni frères, ni sœurs.

1. Le législateur a pris une base très-équitable pour
la fixation des droits de l'enfant naturel. Lorsqu'il y a
des descendans légitimes, l'enfant naturel doit moins

prendre que lorsqu'il n'y a que des parens plus éloignés, et même entre ces autres parens, il doit encore être établi un degré de différence, à l'égard des ascendans et des frères et sœurs.

Mais il n'y a que trois variations. L'enfant naturel a, dans tous les cas où il se trouve des parens légitimes, ou le *tiers*, ou la *moitié*, ou les *trois quarts* de la portion héréditaire qu'il aurait recueillie, s'il eût été légitime.

Il n'a que le tiers de la portion d'un enfant légitime, si le défunt a laissé des descendans légitimes, c'est-à-dire des enfans, petits-enfans, et tous autres descendans en ligne directe.

Ainsi, lorsqu'il y a deux enfans légitimes, ou des descendans légitimes de ces deux enfans, l'enfant naturel n'a que la neuvième portion des biens qui se trouvent dans la succession *ab intestat*, ce qui fait le tiers de la portion qu'il aurait recueillie, s'il eût été lui-même légitime

Il prend la moitié, si le défunt n'a pas laissé de postérité, mais seulement des ascendans, ou des frères, ou des sœurs.

Il aurait eu, dans ce cas, la totalité de la succession, s'il avait été enfant légitime : il n'en a que la moitié.

Cette moitié n'augmente, ni ne diminue, quel que soit le nombre des ascendans, et des frères et sœurs.

Quand il n'y aurait qu'un seul de ces parens, et dans le cas même où ce parent ne serait que d'une seule ligne, l'enfant naturel n'aurait toujours que la moitié.

Il prend les trois quarts, si le défunt n'a laissé, dans sa famille légitime, ni descendans, ni ascendans, ni frères, ni sœurs.

L'autre quart est réservé aux parens, quelque éloignés

que soient leurs degrés, pourvu néanmoins qu'ils soient successibles. Tant que la famille légitime subsiste, on lui conserve une portion des biens, et c'est là une idée très-morale.

Mais quel que soit le nombre des parens légitimes qui ne sont ni descendans, ni ascendans, ni frères, ni sœurs, ils n'ont toujours que le quart ; et cette portion serait toujours aussi la même, quand ils ne seraient parens du défunt que d'*un seul côté*. On ne considère pas les lignes, pour la fixation des droits de l'enfant naturel.

2. Dans les deux premiers cas que nous venons d'examiner, comme c'est la *proximité du degré* des parens légitimes qui réduit plus ou moins la portion de l'enfant naturel, il en résulte que, si les parens les plus proches ne succèdent pas, ou parce qu'ils auraient été déclarés indignes, ou parce qu'ils auraient renoncé, ou parce qu'ils auraient été frappés de la mort civile, ils ne doivent pas être comptés à l'égard de l'enfant naturel ; et, quoiqu'en succession régulière, la portion qu'ils auraient eue, doive appartenir aux parens qui, après eux, sont les plus prochains en degré, ces parens n'auraient pas le même bénéfice avec l'enfant naturel, et ne le réduiraient pas à la même portion que celle à laquelle il serait réduit par les parens plus proches.

Ainsi, lorsque l'enfant légitime du défunt ne lui succède pas, pour cause de renonciation, ou d'indignité, ou de mort civile, l'enfant naturel prend la moitié des biens, s'il y a des ascendans, ou des frères, ou sœurs, et il prend les trois quarts, si les ascendans, les frères, ou les sœurs, ne succèdent pas.

Il y a cependant une exception en faveur des enfans et descendans légitimes des frères et sœurs du défunt. Tous ces enfans et descendans étant appelés, par l'article 742, à représenter les frères et sœurs, il est certain qu'en vertu de cette représentation qui les fait entrer, aux termes de l'article 739, dans la place, *dans le degré*, et dans les droits des frères et sœurs, ils doivent, comme les frères et sœurs eux-mêmes, réduire l'enfant naturel à la moitié des biens.

En vain on objecterait qu'ils ne sont pas dénommés parmi les parens qui opèrent cette réduction à moitié, et que dès-lors ils se trouvent nécessairement compris au nombre de ceux qui n'opèrent que la réduction aux trois quarts.

Nous avons déjà répondu à une objection semblable dans les notes sur l'art. 752, nº 4, pag. 140. Nous avons prouvé que la représentation en faveur des enfans et descendans des frères et sœurs, ayant été établie comme règle générale, cette règle embrasse tous les cas pour lesquels il n'y a pas d'exception *expresse et formelle ;* et que le défaut de dénomination des enfans et descendans dans un cas particulier, loin d'être contre eux une dérogation à la règle générale, prouve au contraire qu'ils y sont maintenus, puisqu'il eût fallu les dénommer pour les exclure, et qu'il était inutile de les dénommer, pour les comprendre dans un cas particulier, lorsqu'ils sont déjà compris dans une règle générale qui embrasse tous les cas.

Comme c'est la *proximité du degré* des parens légitimes qui réduit, plus ou moins, la portion de l'enfant naturel, les enfans et descendans des frères et sœurs qui, par l'effet de la représentation, entrent dans le *degré* des frères et sœurs, doivent donc, comme ces derniers, réduire l'enfant naturel à la moitié des biens ; et si, à défaut de descendans, d'ascendans, et de frères et sœurs dans la famille légitime, ils sont les seuls qui jouissent du bénéfice attaché au degré supérieur, c'est qu'ils sont, dans ce cas, les seuls parens qui aient le droit de représenter, puisque la représentation n'est admise qu'en ligne directe descendante, et qu'elle n'a lieu, en ligne collatérale, qu'en faveur des enfans et descendans des frères et sœurs du défunt.

Voici un exemple qui s'applique à tous les cas que nous venons d'expliquer.

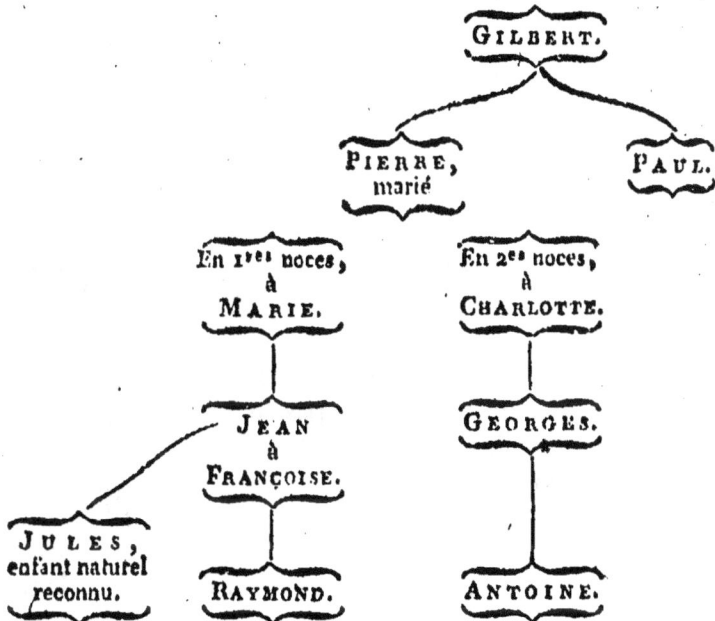

```
                          GILBERT.

            PIERRE,                        PAUL.
            marié

    En 1res noces,              En 2es noces,
         à                           à
      MARIE.                     CHARLOTTE.

       JEAN                      GEORGES.
         à
     FRANÇOISE.

 JULES,
 enfant naturel
 reconnu.          RAYMOND.        ANTOINE.
```

Il s'agit de la succession de Jean.

Si Raymond, son fils légitime, lui a survécu, il aura les cinq sixièmes de la succession. Jules, enfant naturel, n'aura qu'un sixième, ce qui est le tiers de la moitié qu'il aurait eue, si, comme Raymond, il eût été légitime.

Les enfans et descendans de Raymond, prendraient la même portion que lui.

En supposant que Raymond fût décédé sans postérité

avant son père, Jules, aurait la moitié des biens de Jean, si Gilbert, Pierre, Marie et George avaient survécu, *ou l'un d'eux seulement*.

Il n'aurait pareillement que la moitié, dans le cas où il n'y aurait qu'Antoine dans la famille légitime, parce qu'en vertu de la représentation, Antoine monte au degré de George, frère du défunt.

Mais, si les ascendans de Jean, George son frère et Antoine son neveu, étaient décédés avant lui, Jules, aurait les trois quarts des biens, et Paul, oncle légitime du défunt, n'aurait que le quart.

Il en serait de même à l'égard de tous autres parens du défunt, qui ne seraient ni ses descendans, ni ses ascendans, ni ses frères ou sœurs, ni descendans de ses frères ou sœurs.

3. Lorsque l'enfant naturel a pris la portion qui lui est attribuée, le surplus des biens est dévolu aux parens légitimes, et se divise entre eux, conformément aux règles établies au titre des Successions régulières. Le parent le plus proche n'a pas le droit de prendre seul la moitié, à l'exclusion des parens de l'autre ligne, sous le prétexte que l'autre moitié a déjà été prélevée par l'enfant naturel. L'intervention de cet enfant ne change rien à l'ordre ordinaire des successions, pour ce qui reste dans l'hérédité, après le prélèvement de sa portion.

4. Le législateur a fixé, par l'article 757, les droits des enfans naturels sur les biens de leurs père ou mère décédés, et n'a pas voulu que ces droits pussent recevoir aucune augmentation de la part des père ou mère, tant qu'il y a des parens légitimes au degré successible. L'article 908 du Code dit expressément que les enfans naturels ne pourront, par donation entre-vifs, où par testament, rien recevoir au-delà de ce qui leur est accordé au titre des Successions.

Quand la donation aurait été faite, en partie à l'enfant naturel, et en partie à son père, ou à sa mère, ou à son époux, ou à ses descendans, même par des actes séparés, si elle excédait cumulativement la portion fixée par l'article 757, elle devrait être réduite à cette portion pour tous les donataires. Cela résulte évidemment de l'article 911, qui porte que toute disposition au profit d'un incapable sera nulle, soit qu'on la déguise sous la forme d'un contrat onéreux, soit qu'on la fasse sous le nom de personnes interposées, et qui ajoute : *seront réputées personnes interposées, les pères et mères, les enfans et descendans, et l'époux de la personne incapable.* L'enfant naturel étant *incapable* de rien recevoir au-delà de ce qui lui est accordé au titre des Successions, la donation d'un *excédant* faite à l'un de ses parens désignés dans l'article 911, est donc absolument nulle.

La donation serait également réductible, lors même qu'elle aurait été faite avant le Code. L'état et les droits des enfans naturels, dont les père et mère ont survécu à la promulgation de la loi du 12 brumaire an 2, devant être réglés par les dispositions du Code, il est certain que ces enfans ne peuvent avoir dans les successions ouvertes depuis le 12 brumaire, que la portion fixée par l'article 757, lorsqu'il y a des parens légitimes. Cet article contient le règlement définitif de leurs droits, qui jusqu'alors avaient été dans un état de suspension, aucune loi n'ayant encore fixé ni la portion qu'ils devaient avoir, ni ce qu'ils pouvaient recevoir de leurs père et mère. Les donations qui leur avaient été consenties, ont été maintenues, lorsqu'elles n'ont pas excédé la portion disponible d'après le Code, et il y a même été ajouté un supplément pour les élever au minimun établi par l'article 761 ; mais lorsqu'elles se sont trouvées excessives, elles ont été réduites à la juste portion déterminée par l'article 757.

Cependant ce n'est toujours qu'en faveur de la famille légitime que la réduction peut avoir lieu. Dans tous les cas, l'enfant naturel a droit à la totalité des biens, ainsi que nous le verrons dans l'article 758, lorsque le défunt n'a pas laissé de parens légitimes au degré successible.

5. Les donations déguisées, les fidéicommis, les ventes simulées seront multipliés aujourd'hui, comme dans l'ancien régime, pour éluder la disposition de l'article 908 qui veut que les enfans naturels ne puissent, par donation entre-vifs ou par testament, rien recevoir au-delà de ce qui leur est accordé au titre des Successions ; mais l'intérêt des principes, celui de la morale, de l'ordre public et de la société, exigent que tous ces moyens frauduleux soient sévèrement réprimés.

Ainsi l'on doit tenir pour constant, et décider invariablement qu'un père, ou une mère, qui a reconnu un enfant naturel, ne peut ensuite l'adopter. Autrement, en effet, puisque l'enfant adopté a la qualité d'héritier, puisqu'il prend la portion d'un enfant légitime, et qu'il en a tous les droits et tous les honneurs, il est évident qu'en adoptant un enfant naturel, on éluderait et la disposition de l'article 756 qui dit que l'enfant naturel n'est jamais héritier, et la disposition de l'article 338 qui veut que l'enfant naturel reconnu ne puisse réclamer les droits de l'enfant légitime , et la disposition de l'article 757 qui fixe les droits de l'enfant naturel à une portion moindre que celle d'enfant légitime , et la disposition de l'article 908 qui ne veut pas que cet enfant puisse recevoir une plus forte portion que celle fixée par l'article 757 ; en un mot, toute l'économie de la législation sur les enfans naturels, son esprit et son texte, seraient ouvertement violés, si on admettait cette adoption fictive qui n'aurait réellement d'autre objet que de procurer à

l'enfant naturel plus de droits que le législateur n'a
voulu, et dû lui en donner : ce serait retomber dans les
vices de la loi du 12 brumaire an 2, et traiter, d'une
manière également favorable, l'enfant né d'une union
légitime, et l'enfant né dans le concubinage, puisqu'au
gré d'un père, ou d'une mère, victime d'une hon-
teuse séduction, l'enfant naturel pourrait jouir de la
plénitude des droits qui appartiennent aux enfans légitimes.

D'ailleurs, l'adoption est une fiction ; on ne peut
donc adopter son propre enfant : la fiction et la réalité
ne sont pas conciliables.

Aussi Cujas définit l'adoption en ces termes : *est
legis actio quâ* QUI MIHI FILIUS NON EST, *ad vicem
filii redigitur.*

Déjà cette importante question a été jugée par
trois cours souveraines.

La cour d'appel de Paris a décidé, le 15 germinal
an 12, *toutes les sections réunies*, qu'il n'y avait
lieu à l'adoption d'un enfant naturel reconnu.

La cour d'appel de Nîmes a rendu, deux fois, la
même décision, les 18 floréal et 3 prairial an 12.

Mais une décision contraire a été rendue, le 16
prairial an 12, par la cour d'appel de Bruxelles, après
un partage d'opinions qui a été vidé par trois juges
adjoints, et il paraît que cette cour s'est déterminée
par le motif qu'il n'existe dans le Code Civil aucune
disposition précise, qui défende d'adopter un enfant
naturel reconnu ; cependant il est bien évident que
cette prohibition se trouve dans toute la législation
sur les enfans naturels, puisqu'il est impossible que
cette législation soit maintenue dans son intégrité, que
son but moral soit rempli, et que la distinction qu'elle
a voulu établir entre les droits de l'enfant légitime

et ceux de l'enfant naturel, produise tous ses effets, s'il est au pouvoir du père, où de la mère, qui à reconnu, de conférer à son enfant naturel, par le moyen de l'adoption, tous les droits d'un enfant légitime.

6. Il y a trois cas où l'enfant naturel, quoique légalement reconnu, n'a aucun droit sur les biens qui se trouvent dans la succession *ab intestat* de ses père et mère. Nous allons les examiner séparement.

Le premier cas est expliqué dans l'article 337 du Code, dont voici les termes.

« La reconnaissance faite, *pendant le mariage*, par l'un des époux, au profit d'un enfant naturel qu'il aurait eu, avant son mariage, *d'un autre que de son époux*, ne pourra nuire ni à *celui-ci*, ni *aux enfans nés de ce mariage;* néanmoins elle produira son effet après la dissolution de ce mariage, *s'il n'est pas resté d'enfant.* »

On voit quel a été le but moral de cet article. Le législateur n'a pas voulu qu'un époux eût le droit, par une reconnaissance vraie ou fausse, de nuire aux intérêts de son conjoint, ou des enfans issus du mariage pendant lequel il a fait la reconnaisance.

Ainsi, lorsqu'il est décédé, l'enfant naturel qu'il a reconnu pendant le mariage, n'a aucun droit à exercer sur ses biens ni contre l'époux qui a survécu, ni contre les enfans et descendans issus de ce mariage, et il ne paraît pas même qu'il puisse leur demander des alimens, puisque la reconnaissance ne peut produire aucun effet à leur égard.

Mais si les enfans et descendans issus de ce mariage étaient prédécédés, ou ne succédaient pas, ou s'il n'y en avait pas eu, l'enfant naturel pourrait exercer son droit contre tous autres parens, et même contre tous enfans issus d'autres mariages que celui pendant lequel la reconnaissance aurait été faite.

Il a même, *dans tous les cas*, le droit de demander des alimens à celui de ses père et mère qui l'a reconnu. Celui-ci ne peut invoquer l'article 337 dont la faveur n'est pas pour lui, et les alimens peuvent être pris sur les biens de la communauté, si c'est le père qui a reconnu; puisque le père est maître et chef de la communauté, et que l'autre époux et les enfans n'ayant aucun droit actuel sur ce qui la compose, ne peuvent s'opposer à ce qu'il en soit distrait une portion pour les alimens de l'enfant naturel.

7. L'enfant naturel, quoique légalement reconnu, même hors le cas prévu par l'art. 337, n'a pareillement aucun droit sur les biens de son père, ou de sa mère, 1° lorsque son père, ou sa mère, a disposé, par acte entre-vifs, ou par testament, de la totalité de ses biens; 2° lorsque le père, ou la mère, a laissé des descendans ou des ascendans légitimes, et qu'il ne reste dans sa succession *ab intestat*, par l'effet des dons entre-vifs, ou à cause de mort, que la portion des biens qui est réservée par la loi à ces descendans, ou ascendans.

Déjà nous avons présenté des observations sur le premier cas, pages 153, 154, 155, 156 et 157; mais, depuis qu'elles ont été imprimées, la question ayant été examinée sous tous les rapports, et discutée d'une manière très-approfondie, dans une réunion de jurisconsultes du premier ordre, et dans des conférences particulières que nous avons eues avec M. Tarrible, membre de la section de législation du tribunat, nous profitons des lumières que nous avons puisées dans cette double discussion, pour donner de plus amples développemens. Dans une matière qui présente des difficultés si graves, nous avions besoin d'étayer notre opinion sur des autorités aussi respectables.

Nous devons commencer par avertir nos lecteurs

qu'il faut supprimer de la page 157 de cet ouvrage, les sept lignes depuis le troisième alinéa jusqu'au quatrième, commençant par ces mots, *au reste*, et finissant par ceux - ci, *au moment de son décès ;* elles avaient été raturées sur notre manuscrit, et c'est par erreur qu'elles ont été imprimées.

Il est aisé de voir, en effet, qu'elles ne sont point en harmonie avec ce qui précède, et que toutes les raisons que nous avons établies pour exclure les enfans naturels des biens donnés par acte entre-vifs, s'appliquent également aux biens donnés par acte à cause de mort. En faisant la distinction qui se trouve annoncée dans les lignes raturées, il y aurait évidemment contradiction dans notre système.

C'est ce que nous allons prouver, et nous traiterons, en même temps, le second cas qui est celui où il ne reste, dans la succession *ab intestat*, que la portion de biens réservée par la loi aux descendans ou ascendans légitimes. Il se rattache au premier cas, et doit se décider par les mêmes principes.

La loi accorde *directement* un droit aux enfans naturels reconnus sur les biens de leurs père et mère. (Art. 338 et 756.)

Elle accorde, par voie de conséquence, à l'enfant naturel, la capacité de recevoir de ses père et mère, par dons entre-vifs, ou à cause de mort, une partie de leurs biens. (Art. 760, 761, 908.)

Chacun de ces droits se modifie diversement selon le concours des enfans naturels, soit avec des enfans légitimes, ou des ascendans; soit avec des collatéraux; soit enfin avec des donataires, ou légataires.

Nous les examinerons séparément, pour éviter la confusion.

SECTION PREMIÈRE.

Du Droit déféré directement par la loi à l'Enfant naturel.

Ce droit est établi par l'article 756 : *les enfans naturels ne sont pas héritiers ; la loi leur accorde un droit sur les biens de leurs père ou mère décédés.*

Telle est la définition du droit : les autres articles ne font que régler la *quotité*, suivant les divers cas, mais ne changent rien à la manière dont le droit direct est établi.

Il faut donc chercher d'abord, dans cette définition, quelle est la *nature* du droit en lui-même, et quel est son *objet*.

Nature du Droit.

Le droit des enfans naturels est purement *expectatif* durant la vie du père ou de la mère ; il ne peut se réaliser qu'à leur décès, *sur les biens des père ou mère décédés.* Il a pris ce caractère de celui des successions en général parmi lesquels il est classé.

Les enfans naturels ne sont pas *héritiers* : la loi leur dénie formellement cette qualité.

Ils ne sont pas, à proprement parler, *créanciers.* La créance suppose un droit actuel et positif qu'ils n'ont pas, et rien ne prouve mieux l'inexactitude de cette expression employée dans le projet de Code, que sa suppression dans le texte du Code.

Ils ne sont pas *saisis*, par le seul fait du décès du père ou de la mère, de la portion de biens à eux assignée. La loi leur refuse encore formellement la saisine, et les oblige à demander délivrance ou aux héritiers légitimes, ou aux tribunaux. (Articles 724, 759, 761, 770 et 773.)

Un ordre de préférence est établi entre les héritiers des diverses classes. Les enfans légitimes excluent tous les autres héritiers : les ascendans excluent les collatéraux, autres que les frères et sœurs ou les descendans de ces frères et sœurs : les collatéraux les plus proches excluent les plus éloignés.

Les enfans naturels n'excluent personne que le fisc, et ils ne sont exclus par personne ; ils concourent avec tous ces différens héritiers.

La loi dit, il est vrai, que *le droit de l'enfant naturel, si le père ou la mère ont laissé des descendans légitimes, est d'un* TIERS DE LA POR- TION HÉRÉDITAIRE *que l'enfant naturel aurait eue, s'il eût été légitime ;* mais on induirait très-faussement de cette expression, que le droit des en- fans naturels est de *même nature* que celui des en- fans légitimes, sinon intégralement, du moins partiel- lement.

L'article 338 dit, bien expressément : « *L'enfant naturel reconnu ne pourra réclamer les droits d'enfant légitime.* » Or, s'il ne le peut pour le tout, il ne le pourra pas plus pour une partie.

Lorsqu'on dit que l'enfant naturel a le tiers de la portion héréditaire qu'il aurait eue, s'il eût été légitime, ce n'est pas dire qu'il a une portion *héréditaire*, quoiqu'il ne soit pas légitime. Le mot *héréditaire* ne se rapporte qu'à l'hypothèse où il aurait été légi- time ; et comment, enfin, pourrait-on appeler hérédi- taire la portion qui lui est attribuée, lorsque la loi lui refuse, dans tous les cas, la qualité d'héritier ?

Mais, pour mieux nous convaincre encore que le droit des enfans naturels n'est pas égal, ni à l'intégrité, ni à une partie intégrante, du droit de l'enfant légitime, analysons le droit de celui-ci.

L'enfant légitime est un héritier ordinaire appelé, en premier rang, aux successions *ab intestat* : il est, de plus, un héritier *privilégié* auquel la loi assure, *sous le titre de réserve*, une certaine portion de la succession, nonobstant toutes dispositions soit entre-vifs, soit à cause de mort.

Nous verrons bientôt que l'enfant naturel ne peut, dans aucun cas, jouir du privilége de la *réserve*, ni participer aux avantages qui en dérivent.

Nous avons déjà vu qu'il ne peut même exercer le droit qui lui est propre, sous la qualité d'*héritier*.

Si donc la loi a comparé le droit de l'enfant naturel à celui de l'enfant légitime, ce n'est pas pour assimiler l'un à l'autre, mais seulement pour déterminer, par ce point de *comparaison*, la quantité de biens que les vrais *héritiers* légitimes doivent abandonner et délivrer à l'enfant naturel.

Ce que nous venons de dire de la nature du droit des enfans légitimes s'applique à celui des ascendans qui sont aussi, dans leur rang, des héritiers ordinaires et des héritiers privilégiés.

Le droit des enfans naturels ne s'identifie pas non plus avec celui des héritiers collatéraux. Ils diffèrent essentiellement en ce que l'héritier collatéral peut demander la réduction du don, ou legs, excessif fait à l'enfant naturel, (article 908) au lieu que l'enfant naturel ne peut jamais, en vertu de son simple droit, demander la réduction du don fait à l'héritier collatéral, quelle que soit son étendue, ainsi que nous le démontrerons plus bas.

Nous pouvons conclure de là que le droit de l'enfant naturel est un droit *innommé*, ou, pour nous servir de l'expression de la loi, un droit *irrégulier* qui consiste à obliger *les héritiers ab intestat* a délivrer à l'enfant naturel une portion des biens que le défunt a laissés, sans en avoir disposé.

Objet.

Ces derniers termes nous conduisent au second point de nos recherches.

Nous disons que l'objet sur lequel s'exerce le droit accordé *directement* par la loi à l'enfant naturel, est uniquement le bien que les père ou mère ont laissé à leur décès, sans en avoir disposé ni entre-vifs, ni à cause de mort.

Voici les preuves sur lesquelles nous établissons cette proposition :

1° La disposition qui établit les droits des enfans naturels, se trouve sous le titre des Successions *ab intestat*, qui règle uniquement les transmissions des biens dont le propriétaire n'a disposé ni entre-vifs, ni à cause de mort.

2° En règle générale, la disposition de l'homme prévaut sur la disposition de la loi. Conséquemment celle-ci ne peut trouver son application que relativement aux biens dont l'homme n'a pas disposé.

3° L'article 916 a dit textuellement « qu'à défaut d'ascendans ou de descendans, les libéralités, par actes entre-vifs ou testamentaires, pourront épuiser la totalité des biens. » La liaison entre cet article et les précédens démontre qu'il n'entend parler que des descendans et ascendans *légitimes*. Les enfans naturels ne sont ni de l'une ni de l'autre classe ; donc tout droit et toute espérance sur les biens donnés entre-vifs ou à cause de mort, leur sont ravis par le seul fait de la disposition.

Les héritiers légitimes eux-mêmes, lorsqu'ils n'ont pas le droit de la réserve comme les frères et sœurs et autres collatéraux, sont exclus de tout droit sur les biens donnés entre-vifs ou à cause de mort ; les enfans naturels, qui ne sont d'une condition ni meilleure ni plus favorable, doivent donc subir la même exclusion.

Il n'y a que deux moyens par lesquels on puisse ramener dans la succession *ab intestat*, des biens compris dans des donations entre-vifs ou testamentaires; l'un est le retranchement de la réserve, l'autre est le rapport.

Les articles 913, 915 et 921 n'accordent la réserve, et la réduction qui en est une suite, qu'aux seuls descendans et ascendans *légitimes*; l'enfant naturel ne peut donc jouir de ces droits.

Le rapport n'est dû que par le cohéritier, venant à la succession, à son cohéritier : il n'est pas dû aux légataires ni aux créanciers de la succession; art. 857. L'enfant naturel n'est pas *héritier*. Son droit, sans être précisément ni un légat, ni une créance, a néanmoins plus d'analogie avec ce titre qu'avec celui d'héritier; il ne peut donc exiger le rapport de la part du donataire, et il ne peut empêcher que le légataire retienne son legs.

On fait deux objections contre notre proposition ; l'une est prise dans les termes de l'art. 757, l'autre, dans ceux de l'art. 761.

Le droit de l'enfant naturel, dit l'article 757, sur *les biens de ses père et mère décédés*, est réglé ainsi qu'il suit :

Les biens dont les père ou mère disposent entre-vifs, sortent de leur propriété; mais les biens dont ils ne disposent que par testament, ainsi et de même que ceux dont ils ne disposent en aucune manière, ne cessent de leur appartenir jusques à leur *décès*. En employant ces termes *de ses père et mère décédés*, la loi a entendu désigner les biens dont le père et la mère conservent la propriété jusques à leur *décès*, et qui forment leur *succession*, sans distinguer s'ils en ont disposé par testament, ou s'il les ont laissés sans disposition.

On fortifie cette interprétation par l'article 761, qui accorde à l'enfant naturel le droit de *réclamer* la part qui lui est assignée, sans restreindre sa réclamation dans le cercle des biens laissés sans disposition.

Nous répondons que notre interprétation a ce grand avantage sur celle que nous venons de rapporter, que la première se lie avec le système entier de la législation sur les successions et les donations, au lieu que la seconde est inconciliable avec les principes les plus fixes et les plus certains.

Rien, en effet, de plus clair que cette règle de l'article 716 qui déclare qu'à défaut d'ascendans et de descendans légitimes, les libéralités par actes entre-vifs, *ou testamentaires*, peuvent épuiser la *totalité* des biens.

Qui dit *tout* n'excepte rien. Si l'on peut *épuiser* la *totalité* des biens par une disposition testamentaire, dans le cas où il n'y a ni descendans ni ascendans légitimes, il ne restera pour l'enfant naturel ni biens ni droit d'en réclamer.

Les donations *entre-vifs* et les *testamentaires* sont mises sur la même ligne et enveloppées dans une même phrase. Si les donations entre-vifs anéantissent les droits expectatifs de l'enfant naturel sur les biens qui en font l'objet, les testamens doivent donc produire le même effet.

On trouvera la même discordance entre l'interprétation que nous combattons, et les autres règles que nous avons posées plus haut.

La nôtre, au contraire, se plie à tout.

Et d'abord nous remarquons que la loi ayant désigné le droit accordé aux enfans naturels, sous le nom *d'un droit sur les biens de leurs père et mère*, il était nécessaire qu'elle ajoutât le mot *décédés*, pour prévenir la fausse induction qu'on aurait pu en tirer, que le droit était *actuel* et frappait les biens du père vivant, et pour faire sentir que le droit irrégulier accordé aux enfans naturels participait de celui des successions, en ce qu'il est simplement expectatif pendant la vie du père, et qu'il ne prend de la réalité et de la consistance qu'au moment de son décès.

Le droit des enfans naturels, dans le sens que nous donnons à la loi, ne porte que sur les biens qui ont resté sans disposition dans la succession *ab intestat*; et il est d'autant plus naturel de l'expliquer ainsi, que le titre où il se trouve établi ne règle, comme nous l'avons déjà remarqué, que la transmission des seuls biens laissés sans dispositions.

Nous pouvons faire la même remarque sur l'article 761. Il est placé aussi sous le titre des *Successions ab intestat;* et nous pouvons en induire que la réclamation doit être dirigée contre les *héritiers ab intestat*, et sur les biens délaissés *ab intestat*, seulement.

Il est vrai que la réclamation sera illusoire, si la totalité des biens a été comprise dans une disposition quelconque; mais le droit attribué par le même titre aux héritiers collatéraux ne devient-il pas aussi illusoire dans le même cas?

Enfin, nous répondrons que la faculté de la *réclamation*, sans rien ajouter au droit qui en fait l'objet, ne fait que se raccorder avec les principes généraux concernant la *saisine*. En effet, les héritiers légitimes sont saisis par la loi de tous les biens qui ont resté dans la succession *ab intestat*, et il s'ensuit de cela même que l'enfant naturel est réduit à réclamer sa part, ou le supplément, contre les héritiers saisis, sans qu'on puisse étendre le droit de la réclamation, ni contre les légataires, ni sur les biens compris dans les legs.

Qu'on se rappelle encore les autres motifs que nous avons présentés, pages 156 et 157 ; la disposition de l'article 960 du Code qui n'accorde qu'aux enfans légitimes et aux enfans naturels légitimés par mariage subséquent, le droit de faire révoquer les donations faites par les père et mère ; le défaut de base pour fixer la réserve qu'on voudrait attribuer aux enfans naturels simplement reconnus ; la différence de proportion qui existerait entre cette réserve telle qu'on voudrait la fixer, et la quotité de la portion déterminée par l'article 757.

De la réunion de tous ces moyens fondés sur des dispositions précises de la loi, on doit conclure, avec nous, que le droit accordé directement par le Code à l'enfant naturel, ne peut réellement s'exercer que sur les biens que le père, ou la mère, a laissés, sans en avoir disposé ni entre-vifs, ni à cause de mort.

Après avoir ainsi exposé la nature et l'objet du droit en lui-même, il est utile d'expliquer les modifications qu'il peut subir dans le concours de l'enfant naturel, soit avec des descendans légitimes, soit avec des ascendans, soit avec des collatéraux, soit enfin avec des légataires étrangers universels, ou à titre universel, ou à titre particulier.

1° *Concours d'un Enfant naturel avec des Descendans légitimes.*

On ne doit pas perdre de vue que nous envisageons toujours le cas où l'enfant naturel n'a rien reçu de son père, ou de sa mère, et où il exerce les droits qui lui sont déférés directement par la loi.

Pour présenter avec plus de clarté les difficultés qui s'élèvent dans le concours de l'enfant naturel avec des enfans légitimes, nous le combinerons avec des dispositions de tout genre faites, d'un côté en faveur de personnes étrangères, et d'autre côté en faveur des enfans légitimes eux-mêmes.

Nous avons dit plus haut que les enfans légitimes ont deux droits distincts, celui d'héritiers ordinaires, et celui d'héritiers privilégiés.

Cependant quoique ces deux droits soient cumulés sur la tête de l'enfant légitime, ils ne s'exercent pas concurremment, mais supplétivement.

Lorsque les biens dont le père, ou la mère, n'a pas disposé par acte entre-vifs, ou à cause de mort, sont suffisans pour remplir, ou parfaire, la réserve de l'enfant légitime, et pour fournir l'entière portion de l'enfant naturel, il ne peut y avoir lieu à l'exercice du droit privilégié de la réserve en faveur de l'enfant légitime; il n'exerce que le droit d'héritier ordinaire : il prend les biens et acquitte les charges parmi lesquelles on doit compter l'abandon de la part due à l'enfant naturel, ainsi et de même que le ferait un cousin-germain, s'il se trouvait en concours avec l'enfant naturel.

Mais si les dispositions entre-vifs, ou testamentaires, faites au profit d'étrangers, absorbaient entièrement la portion disponible, alors l'enfant légitime, en exerçant son droit privilégié de réserve, prendrait la totalité des biens restés sans disposition, et l'enfant naturel n'aurait rien à réclamer.

La réserve accordée par la loi à l'enfant légitime est sacrée : le père et la mère n'ont pas le droit de l'entamer, par quelque moyen que ce puisse être. C'est la volonté impérieuse de la loi qui l'assure à l'enfant légitime : la volonté de l'homme ne peut y porter la moindre atteinte.

L'enfant naturel ne peut donc tenir de son père, ou de sa mère, ni par le moyen d'une reconnaissance, ni par toute autre voie quelconque, le droit de prendre la moindre portion sur ce qui forme la réserve de l'enfant légitime.

Mais, d'autre part, il ne peut rien obtenir sur les dispositions faites par son père, ou par sa mère, puisque la loi ne lui donne aucun droit de réserve ni de réduction ; il n'a donc rien à réclamer.

Dans le cas où les dispositions entre vifs ou testamentaires, sans avoir excédé la portion disponible, entameraient cependant la portion de l'enfant naturel, si l'enfant légitime n'exerçait que le droit d'héritier ordinaire, il serait tenu de délivrer la portion entière de l'enfant naturel ; mais il peut, en exerçant son droit d'héritier privilégié, prendre sa réserve, et le droit de l'enfant naturel se trouve alors réduit à ce qui reste des biens non compris dans les dispositions.

Un père qui a un enfant légitime et un enfant naturel recconnu, laisse en mourant une fortune de 30,000 francs ; mais il avait disposé d'une somme de 11,000 francs : l'enfant légitime prend, d'abord, 15,000 francs pour sa réserve : le donataire ou légataire prend ensuite la somme qui lui a été donnée ; il ne reste donc que 4,000 francs pour l'enfant naturel, quoiqu'il eût dû avoir 5,000 francs, formant le tiers de la portion d'un enfant légitime, s'il n'y avait pas eu de disposition.

Si les dispositions, soit entre-vifs, soit testamentaires, excédaient la portion disponible, l'enfant légitime aurait le droit de les faire réduire, pour avoir sa réserve, et, dans ce cas encore, l'enfant naturel n'aurait rien à réclamer. C'est toujours la conséquence inévitable de la disposition de la loi qui n'accorde le droit de réserve et de réduction qu'aux descendans et ascendans légitimes.

Jusqu'ici nous n'avons parlé que de dispositions faites en faveur d'étrangers. Voyons maintenant quel serait le droit de l'enfant naturel, si les dispositions avaient été faites en faveur des enfans légitimes eux-mêmes.

Si les dons entre-vifs, ou testamentaires, faits au profit des enfans légitimes, épuisent la totalité des biens, il est manifeste que ces enfans ne sont pas moins favorables que ne le seraient des étrangers, et que l'enfant naturel n'a pas plus de moyens contre les premiers, que contre les seconds, pour réclamer la réduction des dons, ou des legs. Dans l'un comme dans l'autre cas, la disposition de la totalité des biens exclut l'enfant naturel de toute participation à la succession.

Il faut donc supposer que la disposition faite en faveur des enfans légitimes, ne comprend pas la totalité des biens, et qu'il en reste une partie dans la succession *ab intestat*. Les droits de l'enfant naturel sur ce résidu se modifieront selon les circonstances.

Supposons que le père ait donné entre-vifs, ou par testament, toute la portion disponible, *à titre de préciput*, à un ou à plusieurs de ses enfans légitimes. L'exclusion absolue de l'enfant naturel, des biens

délaissés sans dispositions, deviendra encore une conséquence nécessaire de nos principes.

L'enfant naturel, en effet, ne pourrait rien prétendre sur cette portion disponible que le père aurait pu
donner validement à un étranger; et, cette portion ôtée,
il ne reste plus que la réserve juste qui doit nécessairement appartenir aux enfans légitimes, même aux
donataires, et qu'aucun droit étranger ne peut altérer.

Il en serait de même, si, entre plusieurs enfans
légitimes, un seul avait reçu par donation entre-vifs,
sans expression de préciput, une portion de biens qui
égalât ou surpassât la réunion de la portion disponible, et de celle qu'il aurait eue dans la part non disponible. Il est visible que l'intérêt de cet enfant donataire lui dicterait le parti de renoncer à la succession,
pour s'en tenir à la donation, conformément à la faculté accordée par l'article 845. Les biens non donnés ne
pourraient, dans ce cas, que remplir tout au plus la
réserve affectée aux enfans non donataires : ils devraient par cette raison leur rester en entier, et l'enfant naturel verrait encore son droit s'évanouir.

Un exemple va rendre ces résultats plus sensibles.
Un père a deux enfans légitimes et un enfant naturel.
Son patrimoine est de valeur de 48,000 fr., et il
donne, entre-vifs, sans expression de préciput, à
l'un de ses enfans trente-deux mille francs. Cet enfant donataire renoncera à la succession pour s'en tenir à la donation : les seize mille francs restés sans
disposition, seront absorbés par la réserve due à l'enfant légitime non donataire, et l'enfant naturel se trouvera ainsi éconduit.

Mais si les dons entre-vifs, ou testamentaires, faits
en faveur des enfans légitimes, n'absorbaient pas la
portion disponible, alors ces enfans légitimes n'ayant
aucun motif d'exercer le droit privilégié de la réserve,

viendraient à la succession comme héritiers ordinaires ; et l'enfant naturel aurait un droit effectif qui, néanmoins, varierait encore selon le caractère de la donation.

Reprenons le même exemple d'une fortune de quarante-huit mille francs, de deux enfans légitimes et d'un enfant naturel. Le père a donné à l'un des enfans légitimes trois mille francs, somme moindre que celle de seize mille francs formant le tiers disponible.

S'il a fait cette donation de trois mille francs à titre de préciput, cette somme devra sans doute être retranchée du patrimoine, à l'effet de régler la portion concernant l'enfant naturel. Il en restera quarante-cinq mille francs qui donneraient, si les enfans étaient légitimes, à chacun quinze mille francs ; mais la part de l'enfant naturel devrait être réduite au tiers, qui est cinq mille francs. Les dix mille francs de surplus accroîtraient aux parts des enfans légitimes, et feraient ainsi, pour chacun, vingt mille cinq cents francs.

Si le don de trois mille francs, fait à l'un des enfans légitimes, l'était *en avancement d'hoirie* et sans expression de préciput, cette somme rentrerait dans le patrimoine, à l'effet de régler le droit de l'enfant naturel. Les quarante-huit mille francs seraient fictivement partagés en trois portions de seize mille francs, pour chacun des trois enfans ; celle de l'enfant naturel serait réduite au tiers, c'est-à-dire, à cinq mille trois cent trente trois francs trente-trois centimes et un tiers de centime, et la part de chacun des enfans légitimes serait définitivement de vingt-un mille trois cent trente-trois francs trente-trois centimes et un tiers de centime.

Cette computation de trois mille francs devrait avoir lieu de cette manière, non par l'effet d'un rapport forcé envers l'enfant naturel qui ne peut l'exiger, mais parce que les donations en avancement d'hoirie ne sont qu'une simple avance d'une partie de ce qui reviendra à l'enfant dans *la succession ab intestat*, et qu'il est parfaitement juste qu'il *impute* sur sa portion ce qu'il a reçu d'avance.

Cette différence entre ce que nous appelons *imputation* et le *rapport*, va devenir plus sensible dans une seconde supposition. Sur les quarante-huit mille francs, le père en a donné quarante-six mille aux deux enfans légitimes, sans expression de préciput, et a laissé deux mille francs sans disposition.

S'ils étaient obligés au rapport envers l'enfant naturel, le patrimoine serait composé de l'entière somme de quarante-huit mille francs, et la part de l'enfant naturel serait, comme dans le cas précédent, de cinq mille trois cent trente-trois francs trente-trois centimes. Mais le rapport ne peut être dû par les enfans légitimes, qui sont des vrais *héritiers*, à l'enfant naturel qui n'a pas cette qualité ; l'enfant naturel ne pourra donc diminuer les quarante-six mille francs donnés aux légitimes.

Mais si ceux-ci venaient, en leur qualité d'héritiers, demander un droit sur les deux mille francs restés sans disposition, l'enfant naturel leur répondrait avec avantage : Imputez ce que vous avez reçu en avancement d'hoirie sur la part que vous auriez eue *ab intestat*; vous verrez qu'elle est plus que remplie. Je ne puis en rien retrancher ; mais vous ne pouvez m'ôter rien de ce qui me reste.

2° *Concours de l'Enfant naturel avec des Ascendans légitimes.*

Les droits des ascendans sont du même genre que ceux des enfans légitimes ; comme ceux-ci, ils ont la double qualité d'héritiers ordinaires et d'héritiers privilégiés. La différence n'est que dans la mesure de la part qui leur est réservée, soit à l'égard des étrangers, soit à l'égard des enfans naturels.

Les mêmes principes doivent donc être appliqués aux cas où l'enfant naturel concourt avec des ascendans, sauf à régler, dans les résultats, la part des uns et des autres, d'après la fixation faite par la loi.

Ainsi l'enfant naturel ne pourra réclamer aucun retranchement sur les dons entre-vifs, ou à cause de mort, faits en faveur d'une personne quelconque.

Ainsi il n'aura rien à prétendre, même sur les biens laissés sans disposition, dans le cas où, la portion disponible se trouvant épuisée par des dons ou legs, il ne reste dans la succession *ab intestat* que la portion non disponible.

Ainsi, lorsque le don, ou legs, fait en faveur d'une personne étrangère, n'épuise pas entièrement la portion disponible, l'enfant naturel n'a droit qu'à ce qui reste de cette portion.

Ainsi le don ou legs fait en faveur de l'ascendant lui-même, *à titre de préciput,* ne pourra être, en aucun cas, réduit au profit de l'enfant naturel, et n'empêchera même pas l'ascendant de prendre, en sus des biens donnés ou légués, sa réserve toute entière : l'enfant naturel n'aura droit qu'au résidu, s'il y en a.

Ainsi le don ou legs fait en faveur de l'ascendant, *mais sans expression de préciput,* et en simple avancement d'hoirie, devra être imputé sur la part de l'ascendant, lorsqu'il viendra encore réclamer un droit sur les biens restés sans disposition, sans qu'il soit néanmoins tenu au rapport envers l'enfant naturel ; en sorte que, si le don ou legs, fait en faveur de l'ascendant, égale ou excède la portion qu'il aurait eue *ab intestat,* il sera obligé d'abandonner à l'enfant naturel les biens restés sans disposition ; et que, si le don ou

legs en faveur de l'ascendant, et toujours en simple
avancement d'hoirie, est inférieur à la portion qu'il
aurait eue en l'absence de toute disposition, il la com-
plètera sur les biens délaissés dans la succession *ab
intestat*, et abandonnera le surplus à l'enfant naturel.

3° *Concours de l'Enfant naturel avec les Collatéraux.*

Les collatéraux n'ont pas le privilége de la réserve
accordé aux seuls descendans et ascendans : ils ne sont
que des héritiers ordinaires : la portion disponible à
leur égard comprend la totalité des biens ; d'où il suit
qu'ils n'ont aucune réduction à exercer sur les biens
dont le défunt a disposé soit entre-vifs, soit à cause
de mort, en faveur de personnes étrangères, et que
tout leur droit successif se circonscrit dans les biens
qui ont resté sans disposition, dans la succession *ab
intestat.*

Néanmoins les héritiers collatéraux sont soumis entre
eux au rapport des dons qui leur ont été faits par l'auteur de la succession, lorsqu'ils veulent prendre part en
qualité d'héritiers, pourvu que ces dons ne leur aient pas
été faits à *titre de préciput ;* car les dons faits à ce titre
en faveur des successibles, sont considérés comme s'ils
étaient faits en faveur de personnes étrangères : les biens
qui en sont l'objet sont irrévocablement séparés de la
cession, et l'on n'y fait rentrer que ceux qui, donnés
aux successibles sans expression de préciput, sont
censés l'être en simple avancement d'hoirie.

Encore faut-il remarquer que, même dans ce dernier cas, le successible donataire ou légataire peut
toujours s'assimiler à l'étranger, et conséquemment
s'affranchir du rapport, en renonçant à la succession.
(Art. 843, 844 et 845.)

D'après ces données, et les principes posés au commencement de la discussion, on résoudra sans peine
les difficultés que pourra présenter le concours des collatéraux avec les enfans naturels non donataires et venant exercer le simple droit accordé directement par
la loi.

N'y a-t-il aucune disposition? Les enfans naturels
auront la moitié des biens, si les collatéraux sont des
frères, ou sœurs, ou descendans de frères ou sœurs;
ils auront les trois quarts, en concours avec tous les
autres collatéraux.

Y a-t-il des dispositions quelconques en faveur de
personnes étrangères? Les biens qui en font l'objet
sortent, sans retour, de la succession : elle ne se compose que des seuls biens restés sans disposition ; et elle
se partage entre les enfans naturels et les collatéraux,
dans la proportion que nous venons d'établir.

Y a-t-il des dispositions en faveur des collatéraux
successibles? Ou bien elles ont été faites *à titre de
préciput,* et alors leur objet est séparé de la succession, comme il le serait, s'il avait été donné, ou légué,
à un étranger : ou bien les dispositions ont été faites
en simple avancement d'hoirie, et alors le successible, soumis seulement à l'imputation, conservera
l'intégrité du don ou du legs, si ce don ou legs égale
ou excède la portion qu'il aurait eue *ab intestat,* ou
il obtiendra sur les biens restés sans disposition, le
complément de cette portion, si elle n'est pas remplie.

4° *Concours des Enfans naturels avec des
Donataires ou légataires étrangers, soit
universels, soit à titre universel, ou particulier.*

Nous avons dit que l'enfant naturel n'a pas le droit
de faire réduire les dispositions soit entre-vifs, soit à

cause de mort, faites par ses père ou mère; il n'a donc rien à réclamer, lorsqu'il y a une disposition *universelle*.

Quand la disposition n'est qu'à titre universel, ou particulier, s'il y a des héritiers légitimes qui aient le privilége de la réserve, nous avons expliqué, en parlant du concours avec les descendans ou ascendans légitimes, quels sont les droits de l'enfant naturel.

S'il n'y a que des héritiers en ligne collatérale, les donataires ou légataires étrangers prennent tout ce qui leur a été donné, ou légué, puisqu'il ne se trouve personne qui ait le droit de réserve; et ce qui reste des biens forme la succession *ab intestat* qui se partage entre les collatéraux et l'enfant naturel, dans la proportion fixée par l'art. 757.

SECTION II.

Des droits des Enfans naturels donataires ou légataires de leurs Père ou Mère.

Jusqu'ici nous avons considéré l'enfant naturel dans la position où il se trouve, lorsqu'il n'a rien reçu de ses père ou mère, et qu'il n'exerce que les simples droits qui lui sont déférés *directement* par la loi. Nous le considérerons maintenant dans une autre position, c'est-à-dire, dans celle où il a reçu quelque chose de ses père ou mère.

Les enfans naturels, dit l'art. 908, ne peuvent, ¹ ᵒnation entre-vifs ou par testament, rien recevoir ᵒleur père ou mère au-delà de ce qui leur est au titre des successions.

Mais les père et mère peuvent donner moins à l'enfant naturel, et s'ils déclarent que leur intention est de le réduire à la portion qu'ils lui donnent, cette déclaration aura l'effet de lui interdire toute réclamation, si le don égale la moitié de la part qu'il aurait eue *ab intestat*, ou de la borner à la moitié, si le don est inférieur.

Nous examinerons d'abord le cas où le père ou la mère ont donné à l'enfant naturel une portion de biens égale ou supérieure à celle que lui accorde le titre des Successions : nous nous occuperons ensuite de celui où il a été donné une portion inférieure.

L'enfant naturel a donc la capacité de recevoir un don ou un legs de la part de ses père ou mère ; mais cette capacité est soumise à deux modifications qu'il importe de développer.

1° Elle ne peut ni détruire ni altérer le privilége supérieur de la réserve dont jouissent les descendans et ascendans légitimes ; c'est-à-dire, que la capacité qu'a l'enfant naturel de recevoir de ses père et mère, et le don qui lui est fait en conséquence, ne peuvent empêcher, dans aucuns cas, que les descendans et ascendans légitimes ne retrouvent la réserve qui leur est attribuée. Le rapprochement des articles 913, 915, 916 et 920 met cette vérité en évidence.

Les libéralités, dit l'art. 913, soit par acte entre-vifs, soit par testament, ne pourront excéder la moitié des biens du disposant, s'il ne laisse qu'un enfant légitime ; le tiers, s'il laisse deux enfans ; le quart, s'il en laisse trois.

Les libéralités, par acte entre-vifs, ou par testament, continue l'art. 915, ne pourront excéder la moitié des biens, si, à défaut d'enfant, le défunt laisse un ou plusieurs ascendans dans chacune des lignes paternelle et maternelle, et les trois quarts, s'il ne laisse des ascendans que dans une ligne.

A défaut d'ascendans et de descendans, les libéralités, par actes entre-vifs ou testamentaires, peuvent, d'après l'article 916, épuiser la totalité des biens.

Enfin, l'article 920 veut que les dispositions, soit entre-vifs, soit à cause de mort, qui excéderont la quotité disponible, soient réductibles à cette quotité, lors de l'ouverture de la succession.

Nous répéterons (parce que dans une matière aussi compliquée, il est des vérités fondamentales qu'il faut rappeler souvent), nous répéterons, disons-nous, que les descendans et ascendans légitimes doivent toujours retrouver leur réserve, quelle que soit la qualité des donataires, et qu'ils sont seuls admis à ce privilége.

Si la portion non-disponible appartient exclusivement et intégralement aux seuls descendans et ascendans légitimes, il s'ensuit que les dons faits aux enfans naturels ne peuvent se placer que dans la portion *disponible*, et qu'ils sont relégués, à cet égard, dans la classe des successibles ordinaires, ou des étrangers.

2° La capacité des enfans naturels n'est pas même aussi étendue, en ce point, que celle des successeurs ordinaires ou étrangers. Car, ceux-ci, peuvent recevoir l'entière portion disponible; au lieu que l'enfant naturel ne peut recevoir, dans cette portion disponible, que celle qui lui est attribuée par le titre des successions, et qui est quelquefois la même, et presque toujours moindre que la portion disponible.

Les rapports de ces deux portions étant une affaire de calcul, nous allons mettre sous les yeux du lecteur le tableau comparatif de la portion déclarée disponible à l'égard de toutes personnes, avec celle qui peut être donnée à un enfant naturel, en combinant le concours d'un enfant naturel avec les héritiers de tous les ordres.

Nous supposons au patrimoine une valeur de 48,000 francs.

CONCOURS de L'ENFANT NATUREL.	Portion assignée à l'enfant naturel dans la succession *ab intestat.*	Portion disponible à l'égard de toutes personnes.
Avec 1 enfant légitime. . .	8,000 f.	24,000 f.
Avec 2 enfans légitimes.	5,333 f. 33 c. $\frac{1}{3}$	16,000 f.
Avec des ascendans dans une ligne.	24,000 f.	36,000 f.
Avec des ascendans dans les deux lignes.	24,000 f.	24,000 f.
Avec des frères ou sœurs.	24,000 f.	48,000 f.
Avec les autres collatér.	36,000 f.	48,000 f.

Ainsi le père, ayant un patrimoine de 48,000 fr., qui voudra faire un don à son fils naturel, devra non seulement le prendre dans la portion disponible, mais encore ce don devra être restreint, ou par la disposition elle-même, ou par l'autorité de la loi, aux parts indiquées dans le tableau.

Si, comme il a été démontré, le don fait à l'enfant naturel doit être nécessairement pris dans la portion disponible, s'il n'a pas plus de privilége que n'en aurait un don fait en faveur d'un étranger, il doit être soumis aux mêmes chances, et encourir les mêmes événemens; il sera donc soumis à la réduction envers les enfans et ascendans légitimes, dans l'ordre déterminé par l'article 923, ainsi que le serait celui fait à toute autre personne. Il sera de plus soumis à une réduction particulière envers les héritiers quelconques, s'il excède la portion à laquelle est bornée la capacité de l'enfant naturel.

Faisons-nous des exemples qui répandront plus de lumière sur cette théorie.

Un père ayant la fortune supposée de 48,000 fr., un enfant légitime et un enfant naturel, a donné à un étranger 24,000 fr., formant toute la portion disponible. Par un acte postérieur entre-vifs ou à cause de mort, il a donné à l'enfant naturel 8000 fr., et il meurt. Dans cet état de choses, l'enfant légitime ne trouvant pas sa réserve dans les 16,000 fr. restans, devra en cher-cher le complément dans les legs ou dans la dernière donation entre-vifs, selon l'article 923. Il devra donc le chercher dans la donation ou le legs de 8000 fr. fait en faveur de l'enfant naturel qui, par ce moyen, se trouvera entièrement exclu.

L'enfant naturel n'est point de l'ordre des héritiers en faveur desquels la loi a réservé une portion non *disponible*; il ne pourra donc, en invoquant l'art. 924, retenir sur les biens donnés, la portion assignée aux seuls héritiers privilégiés sur les biens non-disponibles : il ne pourra pas mieux recourir sur le donataire étranger qui ne tient, dans sa main, que la portion disponible, et qui ne doit souffrir de réduction que de la part des descendans et ascendans légitimes, seuls héritiers privilégiés.

Renversons maintenant l'ordre des donations, et supposons que le père, possesseur d'une somme de 40,000 fr., en ait d'abord donné entre-vifs à l'enfant na-turel 12,000, que par un acte ultérieur il ait donné 16,000 fr. à un étranger, et qu'il n'ait laissé que 20,000 fr. dans sa succession pour l'enfant légitime.

Il manquera, pour compléter la réserve de l'enfant légitime, une somme de 4000 fr. qu'il retranchera de la donation faite à l'étranger, comme étant la dernière.

Mais ensuite, invoquant un nouveau droit, l'enfant légitime dira à l'enfant naturel que la borne de sa capacité ne lui permet pas de recevoir de son père plus de 8000 fr., que la donation est nulle pour tout le surplus, comme étant faite pour l'excédant, en faveur d'un incapable, d'après les art. 908 et 911, et qu'il doit, conséquemment, subir un retranchement de 4000 fr.

On pourrait élever des doutes sur la régularité de cette distribution, en argumentant de cette manière : la donation faite à l'enfant naturel, dirait-on, est nulle à concurrence de tout ce qui excède le sixième attribué par la loi des successions. Cet excédant consistant en 4,000 fr., ne pouvant être compris dans la donation ; retombe nécessairement dans la succession *ab intestat*, et va se réunir avec les 20,000 fr. laissés sans disposition. Ces deux sommes complètent la réserve due à l'enfant légitime ; il ne peut donc faire réduire celle faite à l'étranger. (1)

Ce raisonnement, quoique spécieux, n'est pas juste. La nullité résultant de l'incapacité de l'enfant naturel n'est pas absolue, elle est seulement éventuelle et relative.

Le sort de la donation faite à l'enfant naturel ne peut se calculer sur l'état actuel de la famille, à l'époque où elle est faite, mais sur l'état où seront les biens et la famille à l'époque du décès du donateur. La fortune peut s'accroître, le degré des successibles peut changer, de manière que la donation, au lieu d'excéder, ne remplirait pas même la part due à l'enfant naturel. La fortune peut s'élever à plus de 72,000 f. et rendre, ainsi, la donation de 12,000 fr. insuffi-

_____

(1) Quoique cette question soit en quelque sorte étrangère à notre sujet, la combinaison des hypothèses l'ayant fait naître, nous croyons devoir la résoudre.

sante. L'enfant légitime, existant à l'époque de la donation, peut mourir avant son père, et faire place à un
successible éloigné dont le concours élèvera la part
de l'enfant naturel, du sixième aux trois quarts.

La donation n'est donc pas nulle dans son principe, ni pour le tout, ni pour une partie ; elle ne l'est
pas sur-tout relativement à l'étranger, à l'égard duquel
l'enfant naturel n'est frappé d'aucune incapacité, puisque, s'il n'existait pas de parens du donateur, l'enfant naturel serait capable de recevoir de lui la totalité
des biens.

Si la somme de 16,000 fr., donnée à l'étranger,
avait été donnée à l'enfant naturel, conjointement
avec la première somme de 12,000 fr., l'enfant légitime aurait retranché de cette donation unique, d'a-
bord 4,000 fr., pour compléter sa réserve, et ensuite
l'excédant de la part fixée à l'enfant naturel.

Pourquoi l'interposition du donataire étranger prive-
rait-elle l'enfant légitime de ce double avantage ? Pourquoi soustrairait-elle l'étranger à une réduction que la
loi indiquait la première, sous le vain prétexte que l'exercice d'un droit qui n'est pas fait pour lui aurait rempli
la réserve de l'enfant légitime ?

En un mot, l'incapacité de l'enfant naturel n'a nullement été établie relativement à l'étranger, mais
relativement aux parens du donateur et pour leur
seul intérêt. Les réductions qu'elle peut occasionner
n'ont lieu que pour les parens ; elles ne doivent jamais profiter aux étrangers ni directement, ni indirectement.

L'étranger ne peut voir conséquemment dans la
donation déjà faite en faveur de l'enfant naturel, qu'un
acte régulier qui atténue d'autant la faculté disponible
du donateur, et qui rejette sur les donations postérieures
les premiers effets de la réduction que les circonstances

pourront nécessiter, pour remplir les réserves dues aux enfans ou aux ascendans légitimes.

L'étranger devra donc souffrir en premier rang la réduction de sa donation, jusques au complément de la réserve. Cette réduction étant une fois fixée, elle le sera définitivement, et il ne lui sera pas permis de s'ingérer dans le résultat que pourra produire l'exercice d'un droit différent, appartenant à l'enfant légitime, contre l'enfant naturel.

Nous avons expliqué comment la donation en faveur de l'enfant naturel se trouvant excessive, soit par la quantité des biens, soit par le rang qu'elle tient, est soumise, envers les descendans et ascendans légitimes, à deux espèces de réduction, dont l'une tend à compléter la réserve due à ces héritiers privilégiés, et l'autre tend à ramener l'enfant naturel dans le cercle de la capacité, où il est circonscrit par la loi.

Cette seconde espèce de réduction appartient aux héritiers collatéraux, comme aux ascendans et descendans légitimes ; mais la première leur est étrangère, puisque aucune réserve légale n'a été établie pour les collatéraux.

Si donc le possesseur d'une fortune de 48,000 francs, ayant un frère légitime et un enfant naturel, décède, après avoir donné 3,000 francs à l'enfant naturel, le frère n'aura d'autre droit que celui de réduire la donation à 24,000 francs, formant la part fixée à l'enfant naturel, et de retrancher l'excédant consistant en 6,000 francs.

Que si, dans la même hypothèse, le père n'avait donné exactement à l'enfant que les 24,000 francs, le frère ne pourrait nullement réduire cette donation, lors même qu'il se trouverait entièrement exclu par une disposition entre-vifs, ou à cause de mort, des autres 24,000 francs, en faveur d'un étranger.

Cette décision et les motifs sur lesquels elle est appuyée, exigent un certain développement.

Le père, dans notre hypothèse, a donné 24,000 fr., à son enfant naturel, et les autres 24,000 fr. à un étranger : la disposition en faveur de l'enfant naturel étant irréductible, nous soutenons que le frère est exclu, sans distinguer si la donation en faveur de l'enfant naturel est la première ou la seconde, et si les deux donations sont entre-vifs ou testamentaires.

La donation en faveur de l'enfant naturel est circonscrite dans les bornes posées par la loi : l'enfant naturel est déclaré capable de recevoir la portion qui lui a été donnée, et aucune disposition de la loi n'autorise le frère à la réduire ; l'enfant naturel peut et doit donc la conserver toute entière.

La donation de la seconde moitié en faveur de l'étranger ne peut améliorer le sort du frère ; aucun de ces actes ne sort du cercle des facultés dont jouissait le donateur. Il a pu donner la moitié à l'étranger, puisqu'il pouvait lui donner la totalité : il a pu donner l'autre moitié à l'enfant naturel par la même raison, et en outre parce que l'enfant naturel est capable de recevoir cette portion. L'exclusion du frère, qui résulte de ces dispositions, n'a donc rien que de très-licite et de très-conforme à l'article 916, qui déclare qu'à défaut d'ascendans et de descendans, les libéralités, par actes entre-vifs ou testamentaires, pourront épuiser la totalité des biens.

Il ne faut cependant ni se dissimuler, ni laisser sans réponse les objections qui se présentent contre cette décision, et que l'on puisera jusque dans notre propre doctrine.

Le droit des enfans naturels, dira-t-on, est un. C'est celui que lui défèrent les articles 756, 757 et 758 ; la volonté du père ne peut pas l'améliorer ; elle n'est qu'une adhésion à l'autorité de la loi qui ne change ni le caractère, ni les mesures de ce droit.

Or, les articles cités mesurant le droit de l'enfant naturel sur le degré de proximité des parens avec lesquels il est en concours, ne lui attribuent qu'une partie plus ou moins grande des biens, et ne lui accordent la totalité que dans le seul cas où il n'existe pas de parens.

La partie non accordée à l'enfant naturel, forme ainsi une espèce de réserve pour les parens légitimes avec lesquels il est en concours, d'où suit cette conséquence qu'il est impossible que l'enfant naturel recueille quelques biens de son père, sans que les héritiers ordinaires en aient une portion : comme il est impossible que les biens d'une personne soient transmis à titre gratuit, sans que ses enfans ou ses ascendans légitimes y retrouvent la réserve établie en leur faveur.

La preuve, ajoutera-t-on, que la participation des enfans naturels aux biens de la succession est inséparable de celle des héritiers collatéraux, résulte des principes que vous avez établis vous-même dans cette discussion.

Vous avez dit que le droit déféré directement par la loi aux enfans naturels, s'exerçait exclusivement sur les biens laissés sans disposition dans la succession *ab intestat*, et que, toutes les fois qu'il restait des biens ainsi délaissés, les successibles y avaient nécessairement une part, si, d'ailleurs, ils ne l'avaient pas déjà reçue par des dons faits en leur faveur.

Or, d'après l'article 760, l'enfant naturel est tenu d'imputer sur sa part tout ce qu'il a reçu de son père, et qui serait sujet à rapport. Cette imputation opère une fusion dans la succession *ab intestat*, des biens donnés à l'enfant. Par cela même qu'il y a donation en faveur de l'enfant naturel, il y a donc des biens dans la succession *ab intestat;* donc les collatéraux appelés concurremment avec les enfans naturels, ne peuvent être totalement privés de participer à la succession.

Les 24,000 fr. donnés à l'étranger étant irrévocament séparés de la succession, elle ne se compose uniquement que des 24,000 donnés à l'enfant naturel. Celui-ci ne peut la recueillir toute entière, lorsqu'il y a un frère du défunt; il doit donc relâcher à ce frère la portion qui lui est réservée, c'est-à-dire la moitié.

Pour répondre avec méthode à cette objection, il faut la reprendre pied à pied.

Il peut y avoir unité dans le droit de l'enfant naturel, pris génériquement; mais il n'y a pas unité dans son application, puisque ses résultats, ainsi que nous l'avons démontré, se modifient d'un grand nombre de manières.

Si l'on veut sur-tout comparer le droit que la loi défère directement à l'enfant naturel, avec celui qui dérive d'une disposition du père en sa faveur, il y aura unité ou identité dans ce sens, que le père ne peut donner, au plus, à l'enfant naturel, que la même portion que la loi lui accorderait sur ses biens, abstraction faite de toute disposition : mais il y a une grande différence dans les effets de ces deux droits.

La loi ne dispose que des biens dont l'homme n'a pas disposé lui-même; de là vient que l'exercice du droit déféré par la loi se concentre dans les biens restés sans disposition dans la succession *ab intestat;* de là vient que le droit s'atténue et même s'évanouit, selon que la masse des biens est diminuée ou absorbée, soit par des dispositions, soit par des réserves.

Mais le droit de l'enfant naturel sur ce que son père

loi a donné, tire une nouvelle force de la volonté même du père que la loi environne de toute sa puissance, et dont elle assure l'exécution, pourvu qu'elle se renferme dans les limites prescrites.

L'enfant naturel auquel le père n'a rien donné, ne peut invoquer que le droit déféré par la loi, avec toutes les chances qui l'accompagnent dans son application. L'enfant donataire invoque uniquement la volonté du père : *dicat testator et erit lex*. Le droit légal, devenu inutile pour lui, ne sert qu'à fixer la mesure de la libéralité, et à la faire réduire, lorsqu'elle est excessive.

On voit donc que le droit déféré par la loi, et celui dérivant d'une disposition du père, quoiqu'ils se rapportent l'un et l'autre à une mesure commune, n'ont cependant ni la même nature, ni la même efficacité, ni les mêmes résultats.

Il n'est pas exact de dire que, dans l'article 757, le frère est appelé en concours avec l'enfant naturel. Cet article indique simplement l'existence d'un frère, et il décide, dans ce cas, que la portion de l'enfant naturel est la moitié de celle qu'il aurait eue, s'il eût été légitime.

Mais passons que la réduction de l'enfant naturel à la moitié, soit un appel indirect du frère à l'autre moitié. Il ne s'ensuivra pas que ce concours du frère doive être regardé comme une *réserve* faite pour lui.

L'article 751 supposant le concours du frère avec le père légitime de la personne décédée, attribue le quart au père, et les trois quarts au frère. La loi, malgré cet avantage accordé au frère, entend si peu le transformer en *réserve*, qu'elle lui dénie formellement le privilége dans l'art. 916, puisqu'elle permet d'épuiser la succession et d'exclure le frère, par des dispositions entre-vifs ou à cause de mort.

Pour bien distinguer l'appel en concours de successeurs de différens ordres, d'avec la *réserve* établie en faveur de quelques-uns, il suffit de remarquer la place que ces deux droits occupent dans le titre du Code Civil.

L'appel du frère en concours avec l'enfant naturel est écrit dans le titre des Successions *ab intestat;* le droit de *réserve* est établi dans le titre des *Donations et Testamens.*

Dans le titre des *Successions,* la loi règle la transmission des biens du défunt, selon l'ordre de ses affections présumées.

Dans le titre des Donations et Testamens, la loi n'a plus à présumer des affections, lorsqu'elles se manifestent de la manière la plus sensible dans les dispositions du donateur ou du testateur. Elle confirme en général ces dispositions; mais elle les rectifie, lorsqu'elles blessent les mœurs, l'intérêt des familles ou le respect dû aux liens du sang les plus étroits; de là, l'incapacité de certaines personnes; de là, la *réserve* en faveur des descendans ou des ascendans.

L'on voit, d'après cette explication, qu'il ne suffit pas que deux successeurs d'un ordre quelconque soient appelés en concours à une succession *ab intestat,* pour qu'ils puissent prétendre partager aussi l'objet des libéralités de leur auteur. Si ces successeurs ne sont pas du nombre de ceux en faveur desquels la loi fait une réserve, l'auteur de la succession peut impunément, et au gré de sa volonté, donner aux uns et repousser les autres.

Les enfans naturels, ni les frères légitimes, n'ont aucune *réserve ;* le testateur peut donc donner à l'enfant naturel, et laisser à l'écart le frère légitime, sans que celui-ci puisse se plaindre de cette préférence; ni rien retrancher de la donation faite à l'enfant naturel, lorsqu'elle n'excède pas les bornes près-crites.

Les observations déjà faites répondent d'avance à la troisième branche de l'objection.

Sans doute, l'enfant naturel qui n'a rien reçu de ses parens, n'a droit que sur les biens restés dans la succession *ab intestat* ; mais, lorsqu'il a reçu quelque chose, les biens qui lui ont été donnés sortent de la *succession ab intestat*, par le fait seul de la disposition, et le droit qu'il a sur les biens est fortifié de tout celui qu'imprime au don la volonté du père, secondée de la puissance de la loi.

L'imputation à laquelle l'enfant naturel est soumis par l'article 760, n'a pas la vertu de faire rentrer les biens dans la succession *ab intestat*.

L'article 760 est sous le titre des Successions : il suppose visiblement qu'il y a des biens laissés sans disposition, que l'enfant naturel a reçu un don, mais que ce don ne complète pas la part qui lui est assignée sur la réunion des biens qui lui ont été donnés, et de ceux qui ont été délaissés ; et il dit que, lorsque l'enfant naturel réclamera son supplément, il sera tenu *d'imputer* ce qu'il a reçu ; ce qui est très juste.

Mais, dans ce cas-là même, la loi ne dit pas que l'enfant se dépouillera du don, pour refondre son objet dans la masse de la succession : elle dit simplement qu'il *imputera*; ce qui signifie, qu'il gardera le don et qu'il ne pourra réclamer, sur les biens laissés dans la succession *ab intestat*, que le supplément nécessaire pour compléter la valeur de sa part.

En second lieu, ce cas n'est pas le nôtre, puisque nous supposons que la succession est épuisée par des dons, et que celui fait à l'enfant naturel remplit la part qu'il aurait eue sur la totalité de biens, si le testateur n'en avait aucunement disposé; et certainement il n'existe aucune loi qui annulle, dans ce cas, le don fait à l'enfant naturel, pour faire rentrer son objet dans la succession *ab intestat.* L'article 908 permet, au contraire, bien positivement au père de donner à l'enfant naturel la portion qu'il aurait eue, s'il n'eût été fait aucune disposition.

C'est effectivement à ce cas que la loi se réfère pour déterminer la portion que le père pourra donner à son enfant naturel ; cette portion est donc, suivant les circonstances, ou le tiers d'une part d'enfant légitime, ou la moitié, ou le quart, ou la totalité des biens que le père a possédés, sans les avoir aliénés à titre onéreux.

Lorsque le père a donné à diverses personnes, sans rien donner à l'enfant naturel, on ne doit sans doute compter dans la succession *ab intestat* sur laquelle s'exercera le droit légal de l'enfant naturel, que les seuls biens qui ont resté sans disposition, et il faut en élaguer ceux dont le père a disposé : la loi et la volonté du père se réunissent pour donner la préférence aux donataires ; mais, lorsque le père a fait un don à l'enfant naturel lui-même, cet enfant a un droit égal à celui des autres donataires, puisque leurs droits dérivent d'une source commune, qui est la volonté du testateur. Il n'existe donc plus de droit de préférence, qui doive faire élaguer les biens donnés à d'autres que l'enfant naturel, et la portion que celui-ci est capable de recevoir ne peut être déterminée, qu'en composant la masse totale de tous les biens qui ont appartenu au père, et qu'il n'a pas aliénés à titre onéreux.

S'il en était autrement, et si la portion que le fils naturel est capable de recevoir de son père, ne devait être mesurée que sur les biens qui restent, distraction faite de tous ceux donnés à d'autres personnes, cette liberté indéfinie de disposer donnée au père, dans le cas où il ne laisse ni ascendans, ni descendans, serait

14

paralysée : chaque disposition étrangère diminuerait
d'autant la portion destinée pour son enfant naturel,
et, pour lui en conserver l'intégrité, il devrait se
condamner ou à ne faire aucune disposition, ou à n'en
faire qu'en faveur de son seul enfant naturel.

Il est donc démontré que, dans l'espèce que nous
avons proposée, l'enfant naturel peut conserver en
entier le don de 24,000 fr., et que le frère exclu de
toute participation, ne peut aucunement le faire réduire.

Toute cette discussion relative au cas où le père a
donné à l'enfant naturel une portion égale, ou supérieure à celle qu'il aurait éue *ab intestat*, nous ra-
mène aux résultats suivans.

Lorsqu'il y a des ascendans, ou descendans légitimes,
le don fait à l'enfant naturel ne peut être pris que dans
la portion disponible.

Ce don, dans le même cas, est soumis aux mêmes
règles, et aux mêmes chances que le serait un don
fait à un étranger ; mais il a aussi la même efficacité,
pourvu qu'il soit renfermé dans les bornes prescrites.

Lorsqu'il n'y a ni ascendans, ni descendans légitimes, le don en faveur de l'enfant naturel est irréfra-
gable, à commencer de la portion qu'il est capable de
recevoir, et cette portion doit se mesurer sur celle
qu'il aurait eue, si le père n'eût fait aucune disposition gratuite.

Du cas où le Don fait par le Père à l'Enfant naturel, n'égale pas la part qui lui est assignée.

Nous avons expliqué comment et jusqu'à quel point
l'enfant naturel pouvait conserver le don remplissant,
ou excédant sa part expectative. Il s'agit maintenant
de savoir comment il peut réclamer le complément de
cette part, lorsque le don ne la remplit pas.

Il est manifeste que l'enfant n'exerce, relativement à ce supplément, d'autre droit que celui que la loi lui défère directement. Il est donc soumis, à concurrence de ce supplément, aux mêmes règles que l'enfant non donataire qui est réduit à réclamer sa portion entière.

Il serait inutile de les développer ici une seconde fois, et il suffit de renvoyer le lecteur à ce que nous avons dit dans la première partie de cette discussion.

Il faut seulement remarquer que l'art. 761 investit le père du pouvoir de faire à l'enfant naturel un moindre don, et de le réduire, par un acte exprès de sa volonté, à la moitié de ce qu'il aurait eu, en l'absence de toute disposition.

Lorsque la volonté du père se sera ainsi exprimée, ou le don égalera la moitié de la part expectative, ou il sera inférieur. Au premier cas, toute réclamation sera fermée à l'enfant ; mais il jouira de tous les droits attachés à la *conservation :* au second cas, il *conservera* le don de la même manière ; sa réclamation sera soumise à la borne prescrite et à toutes les règles qui concernent le droit déféré directement par la loi

Tel est, après le plus sérieux examen, le système général que nous avons cru devoir adopter sur toutes les questions relatives aux droits des enfans naturels.

Nous lui avons donné la préférence, parce qu'il se raccorde parfaitement avec toutes les dispositions du Code qui ont rapport à la matière, et dont il est même souvent la conséquence immédiate , au lieu que le système opposé ne peut se concilier avec un grand nombre de ces dispositions.

Comment, en effet, le concilier avec l'article 724 qui refuse la saisine aux enfans naturels, avec l'article 756 qui veut que l'enfant naturel ne soit pas héritier, et ne lui accorde de droits que sur les biens de ses père ou mère décédés, avec les articles 913, 914, 915 et 916 qui n'accordent qu'aux descendans et as-cendans légitimes, un droit de réserve sur les biens donnés ou légués, et permettent, à défaut d'ascendans et descendans légitimes, d'épuiser la totalité des biens par des libéralités entre-vifs ou testamentaires, avec les articles 921 et 926 qui n'accordent le droit de demander la réduction des dons, ou legs, qu'à ceux au profit desquels la loi fait la réserve, avec l'article 960 qui n'accorde qu'aux enfans légitimes et aux enfans naturels *légitimés*, le droit de faire révoquer les donations ?

Peut-on dire, sans résister à des textes aussi positifs, que l'enfant naturel ait un droit de réserve et de réduction sur les biens donnés, ou légués, par ses père ou mère ?

Sans doute, il est facile de présenter cette opinion sous des couleurs très-favorables et avec des argumens très-spécieux : on peut même invoquer, en faveur de l'enfant naturel, les droits de la nature et du sang, pour soutenir que ses père et mère ne peuvent disposer, à son préjudice, de la totalité de leurs biens.

Mais quand il s'agit d'appliquer une loi, il ne faut pas prétendre à être plus sage et plus juste qu'elle : il ne faut pas mettre son opinion à la place de celle du législateur : il faut, en un mot, exécuter la loi telle qu'elle est.

Ainsi, lorsqu'on dit que notre système irait jusqu'à priver l'enfant naturel du droit de réclamer des alimens, et à le réduire à une condition pire que celle de l'enfant adultérin, ou incestueux, à qui la loi assure des alimens, nous répondons que le Code n'accordant de droits à l'enfant naturel qu'au titre des successions *ab intestat*, et ne lui en accordant aucuns, au titre des donations et testamens, puisqu'elle l'exclut, au

contraire, du privilége de la réserve et de la réduction sur les biens donnés, ou légués, l'enfant naturel
ne peut réclamer d'alimens que sur les biens qui se
trouvent dans les successions *ab intestat* de ses père
et mère, et non sur les biens qui ont été distraits de
ces successions par des dispositions entre-vifs, ou à
cause de mort; et il en est de même à l'égard de l'enfant adultérin, ou incestueux, à qui le Code n'accorde
pareillement des alimens, qu'au titre des successions
ab intestat.

Mais si l'enfant naturel, quelle que soit son origine,
s'était fait adjuger des alimens contre ses père ou
mère encore vivans, ou que ces alimens eussent été
fixés par un acte, alors il serait assimilé à tous les
autres créanciers, et aurait droit de prendre sur les
biens compris dans les dispositions testamentaires, les
alimens adjugés ou convenus; il pourrait même, s'il
avait fait inscrire son titre au bureau des hypothèques,
prendre les alimens sur les biens qui auraient été donnés *postérieurement*, par des actes *entre-vifs.* Dans
l'un et l'autre cas, ayant un droit *actuel* et fixe, il
peut l'exercer dès le moment qu'il l'a acquis, et sur
tous les biens qui, à cette époque, étaient dans les
mains de son débiteur; mais tant qu'il n'a qu'un droit
purement *expectatif* et éventuel, il n'a pas de prise
sur les biens, et ce n'est qu'au moment où le droit
est ouvert, après le décès de ses père ou mère, et
en un mot, pour nous servir des expressions mêmes
de la loi, *sur les biens de ses père ou mère décédés*, qu'il peut réclamer la portion qui lui est donnée par le Code.

Lorsqu'on dit encore que, dans notre système, la
législation nouvelle, loin d'améliorer le sort des enfans
naturels, comparativement à la législation ancienne,
ne fait que le rendre plus malheureux, nous répondons que, dans la législation ancienne, l'enfant natu-

rel n'avait aussi le droit de réclamer les alimens, que contre ses père et mère encore vivans, ou sur leurs successions *ab intestat*, et qu'il n'avait pareillement aucun droit de réserve, ni de réduction sur les biens donnés, ou légués, par ses père et mère.

Mais la législation nouvelle améliore le sort des enfans naturels, en ce que, au lieu de simples alimens, dont la fixation était laissée à l'arbitrage du juge, elle donne aux enfans naturels une portion *en nature* des biens de leurs père et mère, en fixe la quotité d'une manière très-libérale, traite les enfans naturels comme des ascendans et des frères et sœurs légitimes, et leur délaisse même la totalité des biens, lorsqu'il n'y a pas de parens successibles.

Lorsqu'on dit enfin que l'article 761 qui ne permet aux père et mère de réduire *qu'à moitié* la portion attribuée par la loi à l'enfant naturel, ne peut se concilier avec le droit que nous voulons donner aux père ou mère de disposer, au préjudice de l'enfant naturel, de la *totalité* de leurs biens, nous répondons en rappelant une distinction qu'il ne faut point oublier dans cette matière, et qui est la base de notre opinion.

C'est la loi, qui règle les successions *ab intestat :* c'est la volonté de l'homme qui règle les successions testamentaires.

Si l'homme n'a pas disposé par acte entre-vifs, ou à cause de mort, la loi intervient à sa place, et suppléant sa volonté qu'il n'a pas exprimée, règle la transmission de ses biens de la manière qu'elle croit la plus conforme à ses affections; mais si le défunt avait disposé, la loi respecte sa volonté, et fait exécuter toutes ses dispositions, quelle que en soit l'étendue, à l'exception seulement de la réserve en faveur des descendans et ascendans légitimes.

Ainsi la loi ne régit que les biens restés sans dispositions; mais elle ne régit pas ceux dont il a été disposé.

Il n'y a donc pas de contradiction à ce que, d'une part, la loi voulant assurer à l'enfant naturel une portion des biens qui se trouvent dans la succession *ab intestat*, ne permette de réduire qu'à moitié les droits qu'elle accorde à l'enfant naturel dans cette succession, et que, d'autre part, cependant les père et mère de l'enfant naturel aient le droit de disposer de la totalité de leurs biens.

Il est clair que, s'il ne se trouve aucuns biens dans la succession *ab intestat*, le droit que la loi n'avait établi que sur cette succession, devient sans effet.

Si la loi eût voulu qu'il restât nécessairement, dans la succession *ab intestat*, des biens suffisans pour le droit qu'elle y affectait, elle aurait établi, en faveur de l'enfant naturel, un droit de réserve sur tous les biens de ses père et mère, et même un droit de réduction sur les biens donnés ou légués; mais (nous sommes forcés de le répéter encore) elle n'a donné ce droit de réserve et de réduction qu'aux descendans et ascendans légitimes; elle l'a donc refusé à l'enfant naturel; les père et mère de cet enfant ont donc le pouvoir de disposer, à son préjudice, de la totalité de leurs biens; ce n'est donc que sur les biens dont ils n'ont pas disposé, que l'enfant naturel peut exercer le droit éventuel qui ne lui a été donné que sur les successions *ab intestat*.

On oppose encore qu'il était inutile de donner *particulièrement* aux père et mère, le droit de réduire *à moitié* la portion légale de l'enfant naturel, s'ils ont le droit de lui ôter la *totalité* par des dispositions entre-vifs, ou testamentaires : qui peut le plus, peut le moins.

Il y a ici confusion dans les choses, et c'est cette confusion seule qui rend l'objection spécieuse.

Le père et la mère peuvent bien tout ôter à l'enfant naturel, en disposant de tous leurs biens par actes entre-vifs, ou à cause de mort ; mais, en laissant une succession *ab intestat*, ils n'auraient pu réduire la part attribuée par la loi à leur enfant naturel *dans cette succession*, si le droit de réduction ne leur avait pas été expressément donné, puisqu'il est de principe certain que la loi *seule* règle *entièrement* la transmission des biens restés sans disposition.

Le droit de réduire dans la succession *ab intestat*, et le droit de disposer, de manière à ce qu'il n'y ait pas de succession *ab intestat*, sont donc absolument distincts et séparés. Celui-ci ne donne pas l'autre, et il est certain que le père, ou la mère, qui n'aurait pas fait des dispositions, n'aurait pu réduire la portion de l'enfant naturel dans sa succession, si le droit ne lui en avait pas été donné expressément. Comme on a voulu que le père et la mère eussent le pouvoir de réduire, lorsqu'ils voudraient mourir *ab intestat*, et sans être tenus de faire des dispositions, il a fallu l'exprimer textuellement, et c'est ce qu'a fait l'art. 761.

Ainsi disparaît la contradiction qu'on voulait trouver entre la *limite* apposée par cet article au droit de réduire, et le pouvoir *indéfini* de disposer de ses biens.

Les père et mère peuvent disposer, pendant leur vivant, de la totalité de leurs biens ; mais s'ils ne disposent pas de tout, ils ne peuvent réduire qu'à moitié la portion attribuée par la loi à l'enfant naturel *sur les biens restés sans disposition :* il n'y a rien là de contradictoire.

La loi peut dire aux père et mère : Je ne vous empêche pas de disposer de vos biens, ainsi qu'il vous plaira ; mais, pour les biens dont vous ne disposerez pas, comme ils tomberont dans votre succession *ab intestat*, et qu'à moi seule appartient le droit de régler cette succession, je veux que votre enfant y ait une portion ; je vous laisse cependant le pouvoir de réduire à moitié la part que j'ai déterminée ; mais vous ne pourrez réduire plus bas.

Cette restriction, qui ne porte uniquement que sur les biens qui se trouveront dans la succession *ab intestat*, n'a donc rien de contraire à la faculté de disposer.

De ce que les père ou mère ne peuvent réduire qu'à moitié la portion attribuée à leur enfant naturel dans leur succession *ab intestat*, conclure qu'ils sont tenus de laisser des biens dans cette succession, et qu'ils ne peuvent en conséquence disposer de la totalité de leur fortune, c'est faire une extension arbitraire d'un cas à un autre, c'est confondre les successions *ab intestat* avec les successions testamentaires, c'est vouloir appliquer aux donations et testamens une disposition de loi qui, ne se trouvant placée qu'au titre des Successions *ab intestat*, ne doit s'appliquer qu'à ces successions ; c'est, par une conséquence forcée, vouloir détruire une autre disposition explicite qui, en n'accordant le droit de réserve et de réduction qu'aux descendans et ascendans légitimes, le refuse expressément aux enfans naturels.

En un mot, la loi a établi, en faveur de l'enfant naturel, un droit sur les successions *ab intestat*, et nous ne touchons point à ce droit ; mais nous le réduisons à ce qui est écrit, et, en le combinant avec les autres dispositions du Code, nous décidons irrévocablement qu'il est borné aux seuls biens qui se trouvent dans les successions *ab intestat*. Voilà tout notre système.

L'enfant naturel est-il donc plus fondé qu'*un frère légitime*, à se plaindre que la loi ait réduit son droit aux biens dont il n'a pas été disposé ?

Le Code a placé sur la même ligne l'enfant naturel et le frère légitime, puisqu'elle partage *par moitié* entre l'un et l'autre les biens de la succession ; ils sont donc également favorables aux yeux de la loi.

Le frère légitime est même plus favorisé, puisque son droit à la succession *ab intestat* ne peut être réduit, s'il n'y a pas de dispositions au profit d'autres personnes, et que, sans dispositions aucunes, le droit de l'enfant naturel, dans la succession *ab intestat*, peut être réduit à moitié.

Cependant il est permis de disposer de la totalité de ses biens, au préjudice de son frère légitime : ce frère n'a ni droit de réserve, ni droit de réduction.

L'enfant naturel ne devait donc pas être mieux traité.

Le frère légitime, en concours avec l'enfant naturel, avait aussi, par la volonté de la loi, un droit *expectatif* à la moitié des biens de la succession ; cependant il n'est appelé qu'aux biens restés sans disposition, et, s'il n'y a rien dans la succession *ab intestat*, son droit s'évanouit.

L'enfant naturel qui lui est assimilé, doit donc subir le même sort.

8. AVANT de terminer la discussion sur l'art. 757, il reste encore à examiner une question qui peut se présenter souvent.

L'enfant naturel qui a été volontairement reconnu par son acte de naissance, mais antérieurement aux lois intervenues pendant la révolution sur les enfans nés hors mariage, et dont la reconnaissance n'a pas été réitérée postérieurement à ces lois, peut-il réclamer, dans la succession de celui qui l'a reconnu, et qui est décédé sous l'empire du Code Civil, tous les droits qui sont attribués aux enfans naturels par les articles 757 et 758 du Code ?

On a soutenu que cette reconnaissance n'est pas valable, si elle n'a pas été renouvelée, et que, dans tous les cas, elle ne peut donner droit qu'à de simples alimens; et l'on a dit, pour établir cette opinion, que la législation postérieure au 4 juin 1793, ne pouvait, sans effet rétroactif, atteindre ni régir les actes récognitifs de paternité qui avaient été faits sous la législation antérieure; qu'avant le 4 juin 1793 la recherche de la paternité étant admise, c'était presque toujours pour prévenir le scandale de cette recherche, qu'on se déterminait à reconnaître les enfans naturels, mais que les lois nouvelles ayant aboli la recherche de la paternité, et ayant voulu que la reconnaissance fût libre et volontaire, il était devenu nécessaire, pour que les reconnaissances antérieures produisissent des droits sous l'empire des lois nouvelles, qu'elles fussent renouvelées *librement*, et suivant les nouvelles formes ; et qu'enfin ces reconnaissances antérieures, quelle que fût d'ailleurs la cause qui les eût déterminées, ne produisant alors, contre le père, que l'obligation de fournir des alimens, obligation qui cessait même toutes les fois qu'il avait été pourvu suffisamment à la subsistance de l'enfant, ces reconnaissances ne devaient pas produire des effets plus étendus, ni donner des droits plus considérables, sous la législation nouvelle, si elles n'avaient pas été spontanément renouvelées dans la forme prescrite par cette législation.

Il faut répondre, 1° que, lorsqu'on a spontanément comparu dans un acte de naissance, et qu'on y a fait sa déclaration de paternité, cette reconnaissance doit être considérée comme libre et volontaire, et qu'elle est, en effet, telle que l'a exigée le Code Civil; 2° que l'article 757 du Code se borne à dire que l'enfant légalement reconnu a droit sur les biens de ses père et mère décédés, qu'il ne fixe aucune date à cette reconnaissance, et qu'il doit conséquemment s'appliquer à tout enfant qui a été reconnu, à quelque époque que la reconnaissance ait été faite, pourvu qu'elle soit légale ; 3° qu'une reconnaissance est *légale*, comme tout autre acte, lorsqu'elle est conforme aux lois qui existaient, lorsqu'elle a été consentie ; 4° qu'il faut distinguer entre l'*état* et les *droits* d'un enfant naturel ; que son état se trouve fixé dès l'instant qu'il a été reconnu d'une manière conforme aux lois existantes, mais que ses droits, dans une succession quelconque, ne peuvent être réglés que par les lois existantes lors de l'ouverture de la succession ; 5° qu'il y aurait disposition rétroactive, si la loi nouvelle avait déclaré valable une reconnaissance qui n'eût pas été conforme à la législation sous l'empire de laquelle elle a été faite ; mais que la loi nouvelle n'a pas rétroagi, en déterminant la portion de biens que l'enfant naturel, légalement reconnu, doit avoir dans les successions *qui s'ouvriront à l'avenir* ; 6° que le Code Civil a pu fixer cette portion, sans considérer quelle avait été l'intention des père et mère, en reconnaissant leur enfant naturel ; que, d'ailleurs, on ne peut pas assurer que les père et mère, en faisant cette reconnaissance, n'eussent réellement l'intention que de donner des alimens ; qu'ayant survécu à la loi du 12 brumaire an 2, ceux d'entre eux qui ont gardé le silence, sont présumés s'en être rapportés à la fixation qui serait faite par le législateur ; que les autres ayant fait des donations plus ou moins considérables, il a fallu régler toutes ces libéralités de manière à concilier les droits de la nature avec les droits de la famille légitime, et qu'enfin le Code Civil a pu disposer pour l'avenir, ainsi qu'il a paru convenable et juste.

Ce qui vient d'être dit s'applique également aux successions échues postérieurement à la loi du 12 brumaire an 2, quoique avant le Code Civil, la loi du 14 floréal an 12 ayant décidé que les droits des en-

fans nés hors mariage, dont les père et mère sont morts
depuis la publication de la loi du 12 brumaire an 2,
jusqu'à la promulgation du titre du Code Civil sur les
Successions, seraient réglés de la manière prescrite par
ce titre.

Un arrêt de la cour d'appel d'Amiens, du 27 messidor an 12, rapporté au Journal de Jurisprudence du
Code Civil, tome 2, page 478, a décidé, conformément
à l'opinion que nous venons de développer, qu'un enfant qui avait été reconnu par son père, *dans son acte
de naissance*, le 26 novembre 1787, avait droit
d'exercer sur la succession du père, décédé le 25 messidor an 2, les droits déterminés par le Code Civil.

Il y aurait évidemment mêmes motifs pour décider
de la même manière, si le père n'était décédé que depuis la publication du Code Civil, puisque les droits
sont les mêmes pour les enfans naturels dont les père
ou mère sont décédés depuis la loi du 12 brumaire an 2,
et pour ceux dont les père ou mère sont décédés, ou
décèderont, depuis la publication du Code Civil, et
que leur état est également réglé par les mêmes formes.
(Art. 1er de la loi transitoire sur les Enfans Naturels,
du 14 floréal an 12.)

ARTICLE 758.

L'enfant naturel a droit à la totalité des
biens, lorsque ses père ou mère ne laissent
pas de parens au degré successible.

Lorsque le père, ou la mère, de l'enfant naturel
reconnu, n'a pas laissé de parens légitimes, ou que
ceux qu'il a laissés sont au-delà du douzième degré
de parenté, ou bien que les parens légitimes, à des
degrés moins éloignés, ne succèdent pas, alors il est

dans l'ordre de la nature que l'enfant naturel légale‑
ment reconnu soit préféré au conjoint survivant et au
fisc : la loi lui accorde, à défaut d'héritiers légitimes,
la totalité des biens qui se trouvent dans la succession
ab intestat; mais encore il n'a ni la qualité, ni les
droits d'un héritier, et l'on verra bientôt les forma‑
lités qu'il doit remplir, pour obtenir la délivrance des
biens.

ARTICLE 759.

En cas de prédécès de l'enfant naturel,
ses enfans, ou descendans, peuvent réclamer
les droits fixés par les articles précédens.

Ainsi, lorsque l'enfant naturel, reconnu par son
père, est décédé avant lui, les enfans, ou descendans,
de cet enfant naturel ont le droit de prendre dans la
succession *ab intestat* de l'aïeul qui a fait la recon‑
naissance, la même portion qu'aurait eue l'enfant na‑
turel, s'il eût survécu : c'est le droit de représentation
qui leur est accordé.

Mais ce droit est-il accordé aux enfans et descen‑
dans *nés hors mariage,* comme aux enfans et des‑
cendans *légitimes,* en sorte que, si l'enfant naturel
reconnu avait eu lui-même des enfans naturels qu'il
aurait pareillement reconnus, ces enfans pourraient
exercer sur la succession de leur *aïeul,* le droit qu'y
aurait exercé leur père, s'il eût survécu ; ce qui s'appli‑
querait aussi à tous autres descendans plus éloignés?

On a dit, pour l'affirmative, que la disposition de
l'article 759 doit être également appliquée aux uns et
aux autres, puisqu'elle est conçue en termes généraux
et sans exception.

Mais, pour décider la question, il ne suffit pas de
considérer isolément la disposition de l'article 759 : il

faut se reporter à l'article 756 qui détermine les droits accordés aux enfans naturels.

Or, cet article 756 dit expressément que les enfans naturels reconnus ont droit sur les biens de leurs père ou mère décédés, mais que la loi ne leur accorde aucun droit sur les biens *des parens de leurs père ou mère.*

Les enfans naturels ne peuvent donc rien réclamer sur les biens de leurs *aïeux,* qui sont les parens de leurs père ou mère.

La disposition de l'art. 759 qui a pour objet la succession d'un aïeul, ne peut donc s'appliquer aux enfans, ou descendans nés hors mariage, mais seulement aux enfans et descendans légitimes.

L'art. 756 établit la règle générale dont les autres articles ne sont que le développement et l'application à des cas particuliers. L'art. 759 ne contenant pas une dérogation formelle à la règle générale, doit lui rester soumis.

Le législateur a cru nécessaire d'expliquer qu'en cas de prédécès de l'enfant naturel, ses enfans ou descendans légitimes pourraient réclamer ses droits ; et en effet, sans cette disposition précise, on aurait pu opposer à ces enfans et descendans que le principe de la représentation n'ayant été établi qu'au titre des successions régulières, ne devait pas être étendu aux successions irrégulières. Mais le législateur, après avoir dit formellement, dans l'article 756, qu'il ne voulait donner aucun droit à l'enfant naturel sur les biens *des parens* de ses père et mère, n'a pas eu besoin de répéter dans l'article 759 que le droit qu'il accordait aux descendans de l'enfant naturel sur les biens de *leur aïeul,* ne pouvait appartenir qu'aux descendans légitimes.

On oppose à cette opinion une observation contraire

qui se trouve dans le procès-verbal des conférences du conseil d'état, page 259; mais ou cette observation a été mal rédigée, ou elle n'a pas été adoptée, puisqu'il eût fallu, en l'adoptant, déroger expressément, dans l'art. 759, au principe établi par l'art. 756.

ARTICLE 760.

L'enfant naturel, ou ses descendans, sont tenus d'imputer sur ce qu'ils ont droit de prétendre, tout ce qu'ils ont reçu du père ou de la mère dont la succession est ouverte, et qui serait sujet à rapport, d'après les règles établies à la section II du chapitre VI du présent titre.

On a vu précédemment que, suivant l'article 908 du Code, les enfans naturels, et leurs descendans, ne peuvent rien recevoir, ni directement, ni indirectement, au-delà de ce qui leur est accordé au titre des Successions. Il en résulte, 1° qu'ils doivent imputer sur leur portion légale tout ce qu'ils ont reçu de leur père, ou mère, dont la succession est ouverte; 2° qu'ils doivent rapporter tout ce qu'ils ont reçu d'excédant; et cela est, en outre, conforme à l'article 844 qui veut que l'héritier légitime venant à partage, ne puisse retenir les choses à lui données, que jusqu'à concurrence de la quotité disponible, et que l'excédant soit sujet à rapport.

Mais comme, suivant l'article 760, les enfans naturels et leurs descendans ne sont tenus d'imputer que d'après les règles établies à la section des rapports, il faut leur appliquer toutes les dispostions de cette section qui sont conciliables avec la nature et l'étendue de leurs droits.

Ainsi, d'après l'article 852, ils ne doivent rapporter ni les frais de nourriture, d'entretien, d'éducation, et d'apprentissage, ni les frais ordinaires d'équipement, ni ceux de noces et présens d'usage.

Les articles 853 et 854 leur sont pareillement applicables ; mais les tribunaux doivent veiller avec grand soin à ce qu'on n'abuse pas de ces articles, pour déguiser des donations prohibées par la loi.

ARTICLE 761.

Toute réclamation leur est interdite, lorsqu'ils ont reçu, du vivant de leur père ou de leur mère, la moitié de ce qui leur est attribué par les articles précédens, avec déclaration expresse, de la part de leur père ou mère, que leur intention est de réduire l'enfant naturel à la portion qu'ils lui ont assignée.

Dans le cas où cette portion serait inférieure à la moitié de ce qui devrait revenir à l'enfant naturel, il ne pourra réclamer que le supplément nécessaire pour parfaire cette moitié.

Les père et mère ayant le droit de réduire la portion que la loi défère à leurs enfans légitimes, il était juste de leur donner le même droit à l'égard de leurs enfans naturels ; ils pourront donc réduire *à moitié* la portion fixée par les articles 757 et 758.

Mais pour que cette réduction ne puisse être contestée par l'enfant naturel, l'article 761 exige deux choses : 1° que l'enfant naturel ait reçu, *du vivant de celui de ses père et mère qui a voulu la réduction*, la somme, ou portion de biens, à laquelle il a été réduit ; 2° que l'intention de réduire ait été *expressément déclarée.*

Si un père avait seulement déclaré dans un testament, ou dans un autre acte quelconque, qu'il réduit son enfant naturel à la moitié de la portion fixée par la loi, sans lui *remettre*, avant ou après cet acte, la somme, ou la portion de biens, déterminée par l'acte de réduction., l'enfant naturel qui n'aurait pas reçu du vivant de son père, serait autorisé à réclamer la portion entière que lui attribue la loi. En effet, puisque l'article 761 dit expressément que toute réclamation est interdite aux enfans naturels, lorsqu'ils ont *reçu* du vivant de leur père, ou de leur mère, la moitié de ce qui leur est attribué par les articles précédens, on doit conclure, par argument *à contrario*, que la réclamation est permise, lorsque les enfans naturels n'ont pas reçu, du vivant du père ou de la mère.

Ce ne peut être sans intention que le législateur a employé ces expressions, *reçu du vivant de leur père ou mère.* S'il n'avait pas voulu une remise actuelle pendant la vie du père ou de la mère, il se serait borné à dire que l'enfant naturel qui aurait été réduit par son père, ou sa mère, à une portion moindre que celle fixée par les articles précédens, ne pourrait réclamer que le supplément nécessaire, pour parfaire le supplément de sa portion légale ; et, dans ce sens, il est évident que ces mots, *du vivant de leur père, ou de leur mère*, seraient inutiles, et même ridicules, puisque la réduction ne peut pas être faite par les père et mère, s'ils ne sont vivans.

Cependant, quoique le père n'ait pas remis une somme, ou une portion de biens, équivalente à la moitié de la portion légale, s'il a expressément déclaré son intention de réduire à moitié, l'enfant naturel ne peut faire déclarer nulle la réduction, dans le cas même où la portion à laquelle il a été réduit aurait été insuffisante au moment de la réduction. L'article 761 ne l'autorise, dans tous les cas, qu'à réclamer le supplément nécessaire pour parfaire la moitié, et il ne peut même réclamer ce supplément qu'après la mort de son père, puisque ce n'est qu'à cette époque qu'il est possible de déterminer sa portion légale, et que, d'ailleurs, son droit n'est ouvert qu'après le décès de son père.

Mais il faut toujours, pour que l'enfant ne soit pas autorisé à réclamer contre la réduction, que le père ou la mère ait déclaré son intention formelle de réduire l'enfant à la portion qu'il a fixée; l'article 761 exige textuellement *une déclaration expresse* de cette intention. Si cette déclaration expresse n'avait pas été faite dans l'acte qui aurait fixé une portion quelconque pour l'enfant naturel, le père, ou la mère, serait présumé n'avoir donné qu'un avancement sur sa succession, et l'enfant naturel pourrait réclamer la portion entière que lui attribue la loi, sauf l'imputation de ce qu'il aurait reçu, conformément à l'article 760.

ARTICLE 762.

Les dispositions des art. 757 et 758 ne sont pas applicables aux enfans adultérins ou incestueux.

La loi ne leur accorde que des alimens.

1. Les enfans adultérins, ou incestueux, ne devaient pas être traités d'une manière aussi libérale que les enfans naturels nés de personnes libres : dans tous les temps, on ne leur accorda que des ali=

mens; le Code Civil ne leur confère aucun autre droit.

Mais ils peuvent réclamer ces alimens soit contre leur père et mère, soit contre les héritiers : l'art. 762 ne fait aucune distinction à cet égard; et il résulte évidemment de l'article 764 que, si les alimens ne leur ont pas été assurés par leur père ou par leur mère, ils peuvent les réclamer sur leurs successions.

2. Ce n'est que dans des cas infiniment rares que des enfans adultérins, ou incestueux, peuvent être admis à réclamer des alimens. La recherche de la paternité, et même de la maternité, leur étant interdite par l'article 342 du Code, et l'article 335 prohibant expressément de les reconnaître, il ne suffit pas, sans doute, qu'ils désignent leurs père et mère, pour obtenir des alimens contre ceux qu'il leur plait de désigner; mais l'existence de ces enfans est un fait qui peut être quelquefois constaté d'une autre manière que par la reconnaissance, ou par la recherche de la paternité ou de la maternité.

Ainsi, lorsqu'un enfant né pendant le mariage, aura été désavoué par le mari, et qu'il aura été jugé le fruit de l'adultère de l'épouse, dans les cas prévus au chapitre Ier de la loi sur la paternité et la filiation, lorsqu'un mariage aura été contracté entre des parens ou alliés à l'un des degrés prohibés pour le mariage, et qu'il sera né des enfans de ce mariage, dans tous les cas enfin où, indépendamment de la reconnaissance, et de la recherche de la paternité ou de la maternité, il y aura preuve qu'il existe un enfant adultérin, ou incestueux, alors cet enfant aura droit à des alimens contre ses père et mère.

Mais celui qui, sans aucune preuve légale, se dirait adultérin ou incestueux, et demanderait à prouver que ceux contre lesquels il réclame des alimens, sont réellement ses père et mère, ne pourrait être écouté dans cette demande, puisqu'en l'admettant ce serait évidemment autoriser la recherche de la paternité ou de la maternité, et que cette recherche est absolument interdite aux enfans adultérins et incestueux.

De même, si un enfant naturel était reconnu par un homme qui était marié à l'époque de la naissance de cet enfant, ou s'il résultait de la reconnaissance faite par le père ou par la mère, que l'enfant est adultérin ou incestueux, la reconnaissance serait sans effet, au moins à l'égard des héritiers de celui qui aurait reconnu, et ils ne pourraient être tenus de fournir des alimens ; mais le père, ou la mère, qui aurait fait volontairement la reconnaissance, ne devrait pas être lui-même recevable à en opposer la nullité, pour refuser des alimens à son enfant. Déjà cette distinction se trouve établie dans l'art. 337, et il y a mêmes motifs pour l'appliquer ici. L'auteur de la reconnaissance n'a pu, ni dans l'un, ni dans l'autre cas, nuire à des tiers ; mais il a pu s'obliger personnellement, et, s'il a cédé aux sentimens de la nature en reconnaissant son enfant, la nature lui impose, à son tour, l'obligation sacrée de fournir des alimens à cet être infortuné.

Les héritiers eux-mêmes seraient tenus de fournir des alimens, si l'enfant adultérin ou incestueux avait été reconnu *avant* la loi sur la paternité et la filiation formant le titre VII du 1er livre du Code Civil. Cette loi étant la première qui ait défendu de reconnaître les enfans adultérins ou incestueux, les reconnaissances faites antérieurement sont valables, puisqu'elle ne peut avoir d'effet rétroactif.

Vainement on opposerait l'article 1er de la loi transitoire du 14 floréal an 11, qui porte que l'*état* et les droits des enfans nés hors le mariage, dont les pères et mères sont morts depuis la publication de la loi du

12 brumaire an 2, seront réglés par les dispositions du titre sur la Paternité et la Filiation, et du titre sur les Successions.

Il est évident que ce mot *état* ne peut s'appliquer qu'aux bâtards simples, et non aux bâtards adultérins ou incestueux : ceux-ci en effet n'ont jamais d'état.

D'ailleurs, comme il ne s'agit pour eux que d'alimens, on ne peut supposer que la loi du 14 floréal an 11 ait voulu leur enlever le droit de réclamer ces alimens, quand ce droit leur était entièrement acquis par la loi existante.

3. Dans l'ancien régime, on jugeait constamment que l'enfant né d'une personne qui avait fait des vœux religieux, était adultérin : la loi considérait, comme une espèce de mariage, l'engagement contracté par les religieux et ecclésiastiques, et , par une suite de cette fiction, réputait adultère l'atteinte portée au mariage spirituel.

Mais les lois nouvelles ayant prononcé la suppression des vœux religieux, et ne considérant plus le mariage que comme un contrat civil , il en résulte que, depuis ces lois, les ecclésiastiques et les religieux de l'un et de l'autre sexe peuvent légalement contracter des mariages qui produisent tous les effets civils , qu'en conséquence les enfans qu'ils ont hors mariage , ne sont pas adultérins aux yeux de la loi, et peuvent être reconnus, et même légitimés, comme tous les autres enfans naturels nés *ex soluto et solutâ*.

4. Doit-on pareillement considérer comme bâtard simple et non adultérin, l'enfant né d'un ecclésiastique, ou d'un religieux, avant les lois qui ont prononcé l'abolition des vœux , mais reconnu postérieurement à ces lois ?

On a dit, pour l'affirmative, que, suivant l'article 6 de la loi du 5 brumaire an 2, et l'article 5 de la loi du 17 nivose suivant, la suppression des vœux religieux prononcée par les décrets des 21 octobre 1789, février 1790 et mars 1791, n'avait d'effet rétroactif qu'en faveur des ecclésiastiques et religieux qui s'étaient engagés avant l'âge requis, mais, qu'à l'égard de tous les autres, la suppression n'avait lieu que pour l'avenir; qu'ainsi, à l'égard de tous ceux qui ne s'étaient pas engagés avant l'âge requis, les actes antérieurs aux décrets des 21 octobre 1789, février 1790 et mars 1791, devaient rester soumis à l'ancienne législation, et conséquemment que les enfans qu'ils avaient eus avant ces décrets, devaient être considérés comme le fruit d'un adultère spirituel.

On a ajouté que la reconnaissance postérieure ne pouvait effacer le vice de la naissance, qu'une reconnaissance ne pouvait, à proprement parler, donner un état à l'enfant, qu'elle était seulement déclarative de la paternité préexistante, et se reportait à ce premier fait, comme à sa base nécessaire; qu'ainsi, elle remontait jusqu'à la naissance de l'enfant, et le plaçait dans l'état qu'il aurait eu, si la déclaration, consignée dans l'acte récognitif, avait été faite dans l'acte de baptême, mais qu'étant destinée à rectifier ce dernier acte, et ne donnant pas *actuellement* un état, elle ne pouvait rendre à l'enfant que l'état qu'il aurait dû avoir, lors de sa naissance.

Dans l'opinion contraire, il a été répondu que, par la suppression des vœux, tout ecclésiastique et religieux ayant été rendu à la vie civile, et ayant recouvré sa pleine liberté, avait pu, dès-lors, participer à toute espèce de transactions politiques et civiles, sans que son état antérieur y mît obstacle; que ce n'était pas la naissance d'un enfant naturel, mais la reconnaissance de la part du père ou de la mère, qui donnait à cet enfant un état et une existence civile; que, par sa naissance, l'enfant ne tenait à son père que *naturellement*, qu'il

ne tenait à la société que comme individu, mais que
la reconnaissance lui donnait un père aux yeux de la loi,
et lui conférait des droits civils dans la société ; qu'ainsi
c'était la reconnaissance seule qui lui donnait un état,
et qu'enfin, si la rétroactivité à l'époque de la naissance pouvait être admise, ce ne devait être qu'en
faveur de l'enfant, et pour effacer le vice de son origine, de même que, pour rendre légitime le bâtard,
la loi reportait fictivement le mariage de ses père et
mère au temps de sa conception.

On peut ajouter encore que l'enfant né d'un religieux, ou d'un ecclésiastique, n'était pas *réellement*
adultérin, que ce n'était que *par fiction* que la loi
avait considéré, comme une espèce de mariage, l'engagement religieux, et que cette fiction n'avait d'autre
cause que la prédominance de la religion catholique
dans l'état, mais que les lois nouvelles ne reconnaissant plus ni religion dominante, ni vœux religieux,
et ne considérant le mariage que comme un contrat
civil, la fiction qui jusqu'alors avait fait regarder,
comme adultérin, l'enfant d'un religieux ou d'un ecclésiastique, avait cessé dès le moment de la publication de ces lois ; que les anciennes maximes qui
ont été abolies, ne doivent plus régir ni l'état, ni
les droits de cet enfant, et, qu'enfin, le père n'ayant
jamais été marié *civilement,* l'enfant ne peut plus
être considéré *par la loi* comme adultérin, puisqu'elle ne s'occupe plus que du civil, et non du
spirituel.

La 1ere section du tribunal d'appel de Grenoble a
adopté cette dernière opinion, par un jugement du
14 ventose an 12, rapporté au journal de Jurisprudence du Code Civil, tome 1er, page 332. Elle a
décidé : 1° Que les nouvelles lois civiles ne s'occupant
point des vœux religieux, les actes qu'avait faits un
ex-chanoine étaient régis par les mêmes principes

que ceux passés entre les autres citoyens; 2° que la
loi du 2 germinal an 11, article 325, en repoussant
de la légitimation les enfans incestueux, n'a eu en
vue que ceux nommément désignés par elle, d'où il
suit que toute autre exception qu'elle n'a pas prévue,
n'est pas du domaine des tribunaux.

En conséquence, le jugement a maintenu dans l'état
d'enfant naturel, un enfant né d'un chanoine avant
les lois qui avaient prononcé l'abolition des vœux,
mais reconnu par son père postérieurement à ces lois,
et lui a délaissé la propriété et jouissance des trois
quarts des biens dépendant de la succession de l'ex-
chanoine.

Il résulte de cette décision que l'enfant né de deux
personnes qui avaient fait des vœux religieux, ou de
l'une d'elles avec une personne libre, aurait pu être
valablement légitimé par le mariage de ses père et
mère, depuis la publication des lois qui ont aboli les
les vœux religieux, et pourrait l'être encore aujour-
d'hui.

5. Le Code Civil n'a pas décidé une question sur
laquelle il y avait division parmi les anciens jurisconsultes, et qui consiste à savoir si l'enfant naturel doit
être censé adultérin, lorsque ses père et mère dont, au
moment de sa conception, l'un était marié avec une
autre personne, se trouvent tous deux libres au moment de sa naissance.

Carondas, Lebrun et Durousseau-Delacombe sou-
tenaient la négative, et se fondaient sur la loi 26 d.
de statu hominum, sur la loi 5 du même titre, et
sur la loi 11 *c. de naturalibus liberis.*

Mais cette opinion était combattue par Furgole,
Pothier, Salicet, et plusieurs autres. Lapeyrere rapporte
un arrêt du parlement de Bordeaux, du 14 février
1617, qui l'a formellement proscrite.

« Les raisons sont, dit Furgole, que, par une fiction de droit introduite en faveur des enfans, on regarde le père et la mère comme s'ils étaient mariés ensemble, lorsque les enfans ont été conçus, laquelle présomption ne peut pas avoir lieu, quand l'un d'eux est marié à un autre; que la tache est contractée par la conception, et non par la naissance, que cette tache est imprimée à l'enfant au moment qu'il est conçu, et qu'elle ne peut point être effacée par la naissance, parce qu'elle ne diminue point la faute, et ne fait point que la conjonction ne soit également réprouvée, et que le mariage subséquent ne peut pas la laver ni la purifier; qu'ainsi, la femme ayant conçu d'un adultère, son fruit demeure toujours adultérin, quoique l'adultère devienne libre dans l'intervalle de la conception et de la naissance. »

On a très-bien prouvé, d'ailleurs, que les lois romaines ne peuvent s'appliquer à la question proposée.

Il faut décider, au contraire, par les motifs qu'a donnés Furgole, que l'enfant n'est point adultérin, lorsqu'au moment de sa conception son père et sa mère étaient libres, quoiqu'au moment de sa naissance l'un d'eux fût marié. C'est toujours l'instant de la conception qu'il faut considérer pour déterminer l'état de l'enfant.

6. L'enfant incestueux étant celui qui est né de deux personnes auxquelles il est prohibé par la loi de se marier ensemble, à cause du lien de parenté ou d'affinité qui les unit, pour savoir si un enfant est incestueux, il suffit de connaître les articles 161, 162 et 163 qui dénomment les parens et alliés entre lesquels le mariage est prohibé; et dans cette matière, comme en fait d'adultère, c'est aussi le moment de la conception de l'enfant, et non celui de la naissance qu'il faut considérer ; en sorte que si, au moment de la conception, les père et mère n'étaient pas alliés à l'un des

degrés prohibés pour le mariage, l'enfant ne serait pas incestueux, quoiqu'au moment de sa naissance il existât une cause de prohibition; dans le cas, par exemple, où le père de l'enfant conçu, aurait, dans l'intervalle jusqu'à la naissance, épousé la sœur de la mère de cet enfant.

ARTICLE 763.

Ces alimens sont réglés, eu égard aux facultés du père ou de la mère, au nombre et à la qualité des héritiers légitimes.

La loi ne pouvait elle-même fixer la quotité de ces alimens, qui doit varier beaucoup suivant les circonstances : elle a seulement établi les bases qui doivent servir de mesure à la fixation.

Ainsi, les alimens seront réglés en proportion des facultés du père, ou de la mère : ils seront plus considérables, lorsqu'il n'y aura qu'un ou deux héritiers légitimes, que s'il y en avait un plus grand nombre, et moins étendus, s'il y a des héritiers très-prochains du défunt, que s'il n'y en avait que d'un degré plus éloigné.

Il faudra cependant considérer encore quels sont les besoins de l'enfant qui réclame : l'enfant qui est infirme doit obtenir plus que celui qui est en état de travailler, et celui que son père, ou sa mère, a élevé dans l'aisance, et fait instruire dans les arts libéraux, doit avoir plus que celui qui a toujours été habitué à la fatigue, au travail, et à une vie grossière.

ARTICLE 764.

Lorsque le père ou la mère de l'enfant adultérin ou incestueux lui auront fait apprendre un art mécanique, ou lorsque l'un d'eux lui aura assuré des alimens de son vivant, l'enfant ne pourra élever aucune réclamation contre leurs successions.

L'enfant adultérin, ou incestueux, a le droit de demander des alimens, soit à son père, soit à sa mère, et même, si l'un d'eux ne pouvait en fournir, l'obligation toute entière retomberait sur l'autre, en proportion néanmoins de ses facultés.

Mais aussi lorsque l'un d'eux a assuré des alimens suffisans, l'enfant ne peut plus rien demander à l'autre, et il ne peut élever aucune réclamation contre leurs successions.

La loi veut qu'il ait des alimens, et rien de plus.

Il suffit même que son père, ou sa mère, lui ait fait apprendre un art mécanique, pour que toute réclamation lui soit interdite.

Néanmoins, s'il ne pouvait exercer cet art mécanique, parce qu'il serait devenu infirme, ou par toute autre circonstance indépendante de sa volonté, le motif qui a fait cesser le droit d'exiger des alimens, ne pourrait plus lui être opposé, et, s'il était dans le besoin, la raison, la justice et l'humanité l'autoriseraient à réclamer contre ses père et mère, et même contre leurs héritiers, des moyens d'existence.

De même, s'il ne lui avait été assuré que des alimens insuffisans pour sa subsistance, il pourrait demander un supplément.

Quelque défavorables que soient ces enfans, ils ont au moins des droits à la pitié.

La succession de l'enfant naturel décédé sans postérité, est dévolue au père ou à la mère qui l'a reconnu, ou par moitié à tous les deux, s'il a été reconnu par l'un et par l'autre.

1. Puisque les père et mère, en reconnaissant leur enfant naturel, lui donnent des droits sur leurs successions, il est juste que, par réciprocité, cette reconnaissance leur donne également des droits sur la succession de leur enfant.

Ils ont rempli les devoirs de la paternité : il est juste qu'ils en recueillent les avantages, et voilà pourquoi si l'un d'eux seul a reconnu, il a seul droit à la succession.

2. Il existe cependant une différence essentielle entre les droits de ces père et mère, et ceux de l'enfant naturel. On a vu précédemment que cet enfant n'est jamais *héritier*, lors même qu'il prend la totalité des biens, et l'on voit, au contraire, dans l'art. 765, que les père et mère prennent, en qualité d'héritiers, les biens de l'enfant naturel qu'ils ont reconnu, puisqu'il est dit expressément que *sa succession leur est dévolue* ; ils ont donc, dans cette succession, les mêmes droits, et sont soumis aux mêmes obligations que les héritiers légitimes.

3. Comme en succession régulière, les père et mère de l'enfant naturel ne sont appelés à lui succéder que dans le cas où il est décédé sans postérité, et comme

l'article 765 n'établit pas, à cet égard, de distinction entre la postérité naturelle et la postérité légitime, il faut en conclure que les père et mère sont exclus de la succession de leur enfant naturel, quoiqu'il ne laisse, lui-même, que des enfans nés hors mariage, mais légalement reconnus.

D'ailleurs, l'article 758 veut que les enfans naturels, légalement reconnus, prennent la totalité des biens de leurs père et mère, lorsqu'il n'y a pas de parens légitimes. Or les père et mère, en reconnaissant leur enfant naturel, ne deviennent pas ses parens légitimes : ils demeurent toujours étrangers les uns aux autres, sous le rapport de famille et de la légitimité ; les père et mère qui ont reconnu un enfant, ne peuvent donc empêcher que ses descendans nés hors mariage soient appelés à prendre la totalité de ses biens, et ces descendans ont le droit de tout prendre, puisque l'enfant naturel n'a pas de parens légitimes.

4. Les père et mère, qui ont reconnu leur enfant né hors mariage, recueillent la totalité de ses biens, à l'exclusion de ses frères et sœurs naturels. L'art. 765 leur accorde la succession, dans tous les cas où leur enfant est décédé sans postérité, et l'on va voir, en effet, que l'article 766 n'appelle les frères et sœurs naturels, qu'en cas de prédécès des père et mère.

5. Les père et mère sont habiles à succéder à l'enfant naturel qu'ils ont reconnu, quoiqu'ils soient, eux-mêmes, nés hors mariage. L'article 765 ne fait à cet égard aucune distinction, et son motif s'applique également à tous. C'est pour récompenser les père et mère qui ont reconnu, qu'on leur accorde la succession de leurs enfans : c'est pour établir, entre eux, la réciprocité ; la récompense et la réciprocité appartiennent donc à tous ceux qui ont fait la reconnaissance, quelle que soit leur origine qui est ici fort indifférente. Ils ne pourraient

être exclus que par des parens légitimes, et l'enfant naturel n'a pas de parens légitimes, lorsqu'il décède sans postérité.

ARTICLE 766.

En cas de prédécès des père et mère de l'enfant naturel, les biens qu'il en avait reçus, passent aux frères et sœurs légitimes, s'ils se retrouvent en nature dans la succession ; les actions en reprise, s'il en existe, ou le prix de ses biens aliénés, s'il est encore dû, retournent également aux frères et sœurs légitimes. Tous les autres biens passent aux frères et sœurs naturels, ou à leurs descendans.

1. On suppose, dans cet article, que l'enfant naturel est mort sans postérité, c'est-à-dire, sans enfans légitimes, ou sans enfans naturels, légalement reconnus. En ce cas, il est juste que les biens qu'il avait reçus de ses père et mère décédés avant lui, retournent à la famille légitime de ses père et mère ; cependant l'article 766 n'accorde ce droit de retour qu'aux frères et sœurs légitimes de l'enfant naturel, ou, pour parler plus correctement, aux enfans légitimes du père et de la mère de l'enfant naturel ; ce qui néanmoins s'étend à tous les descendans légitimes de ces père et mère, en vertu du principe de la représentation auquel il n'est pas dérogé ; mais les autres parens légitimes des père et mère n'ont pas le droit de reprendre, puisque la disposition de l'article est limitée aux frères et sœurs.

2. Pour que le retour ait lieu, il faut que les biens, donnés par les père et mère, se trouvent *en nature* dans la succession ; cependant l'action en reprise, s'il

en existe, et ce qui reste dû sur le prix des biens aliénés, appartiennent aussi aux enfans et descendans légitimes des père et mère. (Voyez les observations sur l'art. 747, pag. 109 et 110.)

3. On doit faire observer qu'il ne s'agit pas ici d'un droit de succession, tel qu'il est accordé aux ascendans donateurs en succession régulière, mais d'un simple droit de reprise. L'art. 747 a employé le terme de *succéder,* et l'article 766 dit seulement que les biens *passent.* La différence de ces expressions établit clairement la différence des droits. Comme les enfans naturels n'ont, en aucuns cas, le droit de succéder aux parens de leurs père et mère, on n'a pas voulu, non plus, donner à ces parens le droit de succéder, pour aucune espèce de biens, aux enfans naturels.

Ainsi les enfans et descendans légitimes des père et mère de l'enfant naturel, en reprenant ce qui avait été donné à cet enfant par les père et mère, ne deviennent pas ses héritiers; mais ils n'en sont pas moins tenus de contribuer aux dettes, en proportion de l'émolument, et même d'acquitter la totalité des dettes hypothéquées sur les biens qu'ils reprennent, sauf leur recours pour l'excédant de leur portion, à raison de l'émolument. L'enfant naturel qui était propriétaire de ces biens a pu en disposer, et les grever de dettes : il n'était pas un simple usufruitier.

4. Quant aux autres biens que l'enfant naturel n'avait pas reçus de ses père et mère, et qu'il laisse, en mourant, les enfans et descendans légitimes des père et mère ne peuvent, en aucun cas, les réclamer. Comme, suivant l'article 756, les enfans naturels n'ont aucun droit sur les biens de ces enfans et descendans légitimes, de même ceux-ci n'en doivent avoir aucuns sur les biens des enfans naturels ; et, s'il a été fait une exception à l'égard des biens donnés par les pères et

mères à leurs enfans naturels, c'est qu'il a paru équitable que ces biens rentrassent dans la famille légitime, quand les enfans naturels étaient décédés sans postérité.

Les biens qui ne viennent pas des père et mère, passent aux frères et sœurs naturels du défunt, ou à leurs descendans, lorsque les père et mère étaient prédécédés ; mais il faut que ces frères et sœurs naturels aient été aussi reconnus légalement : ils ne pourraient être admis à prouver qu'ils sont réellement frères et sœurs du défunt. Admettre cette preuve, ce serait autoriser la recherche de la paternité.

La même observation s'applique également aux descendans.

S'il n'y a ni frères ou sœurs naturels, ni descendans d'eux, légalement reconnus, tous autres parens de l'enfant naturel sont exclus. Dans ce dernier cas, les biens appartiennent au conjoint survivant non divorcé, et, à son défaut, à la république.

Ainsi les héritiers des enfans naturels légalement reconnus, mais non légitimés, doivent être rangés dans l'ordre qui suit :

1° Leurs enfans et descendans légitimes, sauf les droits des autres enfans naturels ;

2° Leurs enfans naturels légalement reconnus ;

3° Leurs père et mère qui les ont reconnus ;

4° Leurs frères et sœurs naturels, et les descendans de ces frères et sœurs, lorsqu'ils ont été reconnus ;

5° Le conjoint survivant, non divorcé ;

6° La république.

SECTION II.

Des Droits du Conjoint survivant, et de la République.

ARTICLE 767.

Lorsque le défunt ne laisse ni parens au degré successible , ni enfans naturels, les biens de sa succession appartiennent au conjoint survivant non divorcé.

1. Cette disposition est conforme à l'édit du préteur, *undè vir et uxor.* Il est juste que le conjoint survivant soit préféré au fisc ; on doit présumer que telle était l'intention du défunt.

2. Ce n'est qu'à défaut de parens successibles, et même d'enfans naturels légalement reconnus ; que le conjoint survivant est appelé à recueillir les biens du conjoint prédécédé. Le Code n'a point adopté la disposition de l'authentique *praeterea* qui donnait au conjoint survivant, lorsqu'il était pauvre, le quart des biens, s'il n'y avait que trois enfans, et sa part afférente, s'il y en avait un plus grand nombre.

Hors le cas prévu par l'article 767, le conjoint survivant n'a d'autres droits que ceux qui peuvent lui avoir été *donnés,* ou *légués,* par le conjoint prédécédé.

Il peut cependant, aux termes de l'article 205, demander des alimens aux enfans issus de son mariage avec le défunt.

3. Comme la disposition qui appelle le conjoint survivant à l'exclusion du fisc, est fondée sur la présomption de la volonté du défunt, et que cette présomption ne peut plus être admise, lorsqu'il y a eu divorce pro-

noncé entre les époux qui, dès-lors, sont devenus absolument étrangers l'un à l'autre, en ce cas, le conjoint survivant n'a rien à prétendre sur les biens du prédécédé, et c'est le fisc qui les prend.

Cela est encore conforme au droit romain, *d. l. unic. §. unic.*

On a demandé si le conjoint survivant perdait son droit, lorsque le divorce avait été provoqué contre lui, et prononcé sans son consentement.

Nous répondons que l'article 767 ne fait, à cet égard, aucune distinction : il se borne à dire que les biens appartiennent au conjoint survivant *non divorcé*, d'où il faut conclure que, si le conjoint survivant était divorcé, quels qu'aient été l'auteur et les causes du divorce, l'article ne lui est pas applicable.

Le divorce, en effet, rompt le contrat civil du mariage, et, comme il n'y a que ce contrat qui puisse donner au conjoint survivant le droit de prendre les biens du prédécédé, ce droit ne peut plus exister, dès que le contrat, qui en était la source, n'existe plus.

Et d'ailleurs, dans tous les cas, que ce soit l'époux prédécédé qui ait provoqué le divorce, ou que le divorce ait été provoqué contre lui, il est évident que la présomption de sa volonté ne peut plus être en faveur du conjoint survivant.

4. L'article 767 ne refusant qu'au conjoint divorcé le droit de prendre les biens du conjoint prédécédé, il en résulte que la séparation de corps et d'habitation ne produit pas à cet égard le même effet que le divorce. La séparation de corps et d'habitation ne rompt pas le mariage.

ARTICLE 768.

A défaut de conjoint survivant, la succession est acquise à la République.

Quand le défunt n'a laissé ni parens successibles, ni enfans naturels ou descendans d'eux, ni conjoint survivant non divorcé, alors il y a déshérence, et, comme les biens de la succession se trouvent sans maîtres, ils ne peuvent appartenir qu'à la république.

C'était la disposition du Droit écrit, liv. 1, *Cod. de bon. vacant.*

ARTICLE 769.

Le conjoint survivant, et l'administration des domaines qui prétendent droit à la succession, sont tenus de faire apposer les scellés, et de faire faire inventaire dans les formes prescrites pour l'acceptation des successions sous bénéfice d'inventaire.

Il peut y avoir des héritiers qui, se trouvant domiciliés à des distances éloignées, ou ignorant le décès, ou n'ayant pas en leur possession les preuves de leur généalogie, ne se sont pas présentés à l'ouverture de la succession; c'est pour veiller à leurs intérêts, et pour la conservation de leurs droits, que le Code impose au conjoint survivant, et à l'administration des domaines agissant pour la république, l'obligation de faire apposer les scellés, et de faire procéder à un bon et fidèle inventaire, afin que les forces de la succession soient bien constatées, et qu'il ne soit pas pratiqué de fraude au préjudice des héritiers légitimes qui peuvent se présenter par la suite.

ARTICLE 770.

Ils doivent demander l'envoi en possession au tribunal de première instance dans

le ressort duquel la succession est ouverte :
le tribunal ne peut statuer sur la demande
qu'après trois publications et affiches dans
les formes usitées, et après avoir entendu
le commissaire du Gouvernement.

On a déjà vu que le conjoint survivant et la république n'ont pas la qualité d'héritiers, quoiqu'ils recueillent la totalité des biens du défunt, et que ce n'est
même qu'à défaut d'héritiers et d'enfans naturels reconnus, qu'ils sont appelés à prendre les biens ; ils ne
sont donc pas saisis des biens, comme le sont les
parens légitimes ; et voilà pourquoi la loi les oblige à se
faire envoyer en possession par les tribunaux, après
l'apposition des scellés et la confection de l'inventaire.

Les trois affiches et publications qui doivent précéder l'envoi en possession, ont été ordonnées, pour
que l'ouverture de la succession soit rendue publique,
et que les parties intéressées puissent la connaître.

ARTICLE 771.

L'époux survivant est encore tenu de
faire emploi du mobilier, ou de donner
caution suffisante pour en assurer la restitution, au cas où il se présenterait des
héritiers du défunt, dans l'intervalle de
trois ans ; après ce délai, la caution est
déchargée.

1. La loi s'est attachée à prendre toutes les précautions nécessaires dans l'intérêt des héritiers qui peuvent
se présenter par la suite ; mais le trésor public étant
responsable, lorsque les biens ont été délaissés à l'ad-

ministration des domaines, il était inutile d'obliger cette administration à faire emploi du mobilier, ou à donner caution. L'obligation n'a été imposée qu'à l'époux survivant.

2. La durée du cautionnement a été limitée à trois ans, parce qu'en effet il n'est pas vraisemblable que, s'il y a des héritiers, ils diffèrent plus long-temps à se faire connaître.

Mais de ce que la caution n'est exigée pour assurer la restitution du mobilier, qu'au cas où il se présenterait des héritiers dans l'intervalle de trois ans, et de ce qu'après les trois ans la caution est déchargée, il ne s'ensuit pas que les héritiers qui se présenteraient plus tard, n'auraient pas le droit de faire restituer le mobilier, ou sa valeur, par l'époux survivant qui l'aurait recueilli : il en résulte seulement qu'ils auraient perdu la garantie que leur eût offert le cautionnement, s'ils s'étaient présentés dans l'intervalle de trois ans.

Suivant l'art. 789, la faculté d'accepter, ou de répudier une succession, se prescrit par le laps de temps requis pour la prescription la plus longue des droits immobiliers, et cette prescription la plus longue ne s'acquiert, suivant l'art. 2262, que par le laps de trente ans ; l'héritier légitime a donc trente ans pour se présenter, et comme, suivant l'art. 777, l'effet de l'acceptation remonte au jour de l'ouverture de la succession, il suit nécessairement que l'héritier qui accepte avant l'expiration des trente années, se trouvant saisi de la succession, dès le moment de son ouverture, comme s'il avait accepté à cette époque, a le droit de se faire restituer tous les biens par l'époux survivant qui n'a été appelé qu'à défaut d'héritiers connus.

Il a même le droit, en vertu de la saisine, d'exiger la restitution des fruits.

ARTICLE 772.

L'époux survivant ou l'administration des domaines qui n'auraient pas rempli les formalités qui leur sont respectivement prescrites, pourront être condamnés aux dommages et intérêts envers les héritiers, s'il s'en représente.

1. Quoique cet article se borne à dire que l'époux survivant, et l'administration des domaines, *pourront* être condamnés, il arrivera très-rarement qu'il n'y ait pas lieu à les condamner. Lorsqu'ils auront négligé les formalités prescrites, il y aura nécessairement soupçon de fraude, sur-tout à l'égard de l'époux survivant. La loi ayant voulu prendre des précautions pour conserver les droits des héritiers qui se présenteraient par la suite, sa volonté ne doit pas être impunément violée.

2. S'il ne se présente pas d'héritiers, l'époux survivant ou l'administration des domaines, qui n'ont pas fait apposer les scellés, ou qui n'ont pas fait procéder à un bon et fidèle inventaire, doivent être tenus de la totalité des dettes de la succession, même au dessus de la valeur des biens. Assimilés aux héritiers bénéficiaires, ils doivent être traités de la même manière, et, s'ils ont disposé arbitrairement du patrimoine, sans en faire constater légalement la valeur, comme ils ne peuvent opposer aux créanciers une insuffisance qu'il n'est plus possible d'établir, ils doivent acquitter toutes les dettes.

3. L'époux survivant et l'administration des domaines n'ayant que la possession provisoire des biens, pendant tout le temps qui est accordé aux héritiers légitimes pour se présenter, et pour accepter ou ré-

pudier la succession, il en résulte que, pendant tout ce temps, ils ne sont que simples administrateurs, et qu'il faut leur appliquer, comme aux héritiers sous bénéfice d'inventaire, les dispositions des articles 796, 803, 804, 805, 806, 807 et 808, à l'exception seulement que la caution, exigée par l'article 807, ne peut être demandée à l'administration des domaines.

Si l'époux survivant et l'administration des domaines avaient le droit de disposer arbitrairement des biens, sans remplir aucunes formalités, toutes les précautions prises pour conserver les droits des héritiers, deviendraient évidemment inutiles.

ARTICLE 773.

Les dispositions des art. 769, 770, 771 et 772, sont communes aux enfans naturels appelés à défaut de parens.

Ainsi l'enfant naturel, appelé à défaut de parens successibles, dans les cas que nous avons précédemment expliqués, est tenu, 1° de faire apposer les scellés ; 2° de faire procéder à un bon et fidèle inventaire ; 3° de se faire envoyer en possession par justice ; 4° de faire emploi du mobilier, ou de donner une caution suffisante, qui est déchargée après trois ans.

S'il a négligé ces formalités, il peut être condamné aux dommages et intérêts envers les héritiers qui se présentent par la suite, et il faut lui appliquer pareillement les diverses observations que nous avons faites sur les articles 769, 770, 771 et 772.

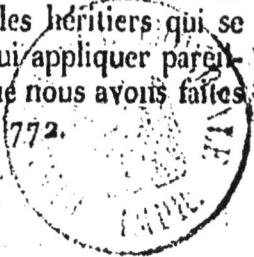

ERRATA.

Page 9, ligne 5; au lieu de *les unes des autres*, lisez *l'une de l'autre.*

Page 13, ligne 25; au lieu de *se décidaient*, lisez *le décidaient.*

Page 25, ligne 11; au lieu de *plainte rendue par le défunt*, lisez *plainte qui aurait été portée par le défunt.*

Page 33, ligne 8; supprimez ces mots, *lorsqu'il n'y a pas de représentation.*

Page 47, ligne 34; au lieu de *se*, lisez *ses.*

Page 48, ligne 33; au lieu de *maternelle*, lisez *paternelle.*

Page 53, ligne 9; supprimez les mots *son père.*

Page 63, ligne 14; au lieu de *résulte*, lisez *reste.*

Page 68, ligne 7; au lieu de, *de à l'égard*, lisez *à l'égard de.*

Page 70, ligne 5; au lieu de *qui est pas*, lisez *qui n'est pas.*

Même page, ligne 12; lisez *souches.*

Page 75, ligne 9; après le mot *succession*, ajoutez *collatérale.*

Page 80, ligne 6; après les mots *Code Civil*, ajoutez *que.*

Page 131, ligne 19; au lieu de *cet article*, lisez *l'article 750.*

Même page, ligne 20; après les mots *frères et sœurs*, ajoutez *germains.*

Page 144; au commencement de la ligne 28, placez 2.

Page 146, ligne 13; au lieu de *article 752*, lisez *article 753.*

Même page, entre les lignes 22 et 23; ajoutez ce qui suit:
4. Quand le défunt n'a laissé ni descendans, ni ascendans, ni frères, ou sœurs, ou descendans d'eux, la succession est déférée aux autres parens collatéraux les plus proches en degré, sans aucun droit de

représentation, et se divise. par moitié entre la ligne paternelle et la ligne maternelle, conformément à l'article 733.

Même page, à l'avant-dernière ligne ; au lieu de *l'article 734*, lisez *les articles 733 et 734*.

Page 149, ligne 24 ; avant ces mots *les enfans naturels*, placez 2.

Page 152, ligne 14 ; au lieu de *saisie*, lisez *saisine*.

Page 156, ligne 26, au lieu de *est-ce bien là*, lisez *et c'est bien là*.

Page 157 ; supprimez les lignes 22, 23, 24, 25, 26, 27 et 28, remplacez-les par ce qui suit : (*Voyez les observations sur l'article 757, page 176, n° 7, où la question se trouve discutée avec plus d'étendue.*)

Page 175, lignes 6 et 7 ; supprimez ces mots : *qui se trouvent dans la succession* ab intestat.

Page 193, ligne 27 ; au lieu de *cession*, lisez *succession*.

Page 202, ligne 25 ; au lieu de 3,000 ; lisez 30,000.

Page 206, ligne 33 ; après ces mots *le privilége*, ajoutez *de la réserve*.

Page 230, ligne 10 ; au lieu de *entièrement*, lisez *antérieurement*.

Même page, à l'avant-dernière ligne ; au lieu de *pour l'affirmative*, lisez *pour la négative*.

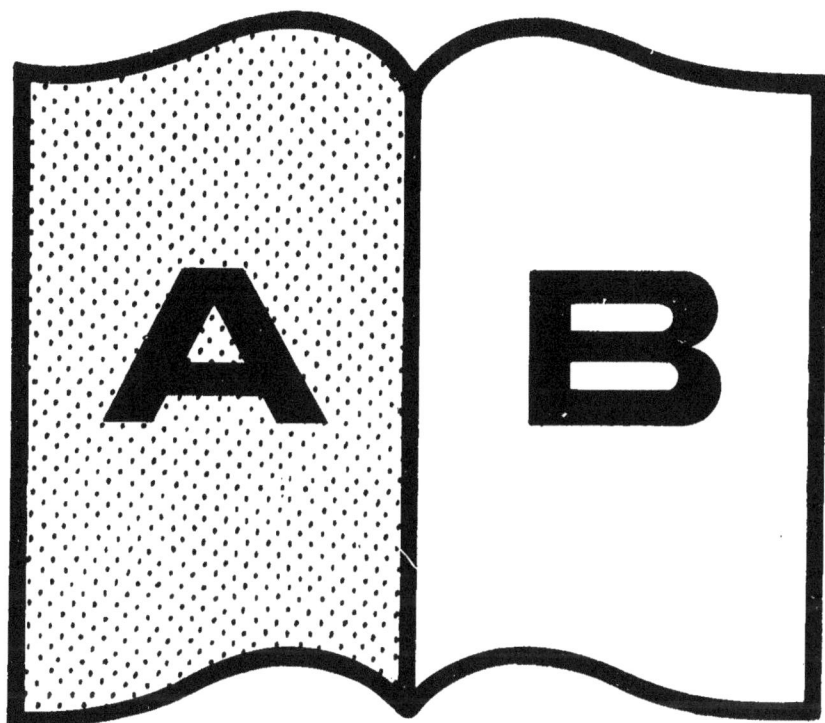

Contraste insuffisant

NF Z 43-120-14

www.ingramcontent.com/pod-product-compliance
Lightning Source LLC
Chambersburg PA
CBHW071628200326
41519CB00012BA/2197